Boundaries Between
Power and Rights

权力的边界

赵宏　著

云南人民出版社

果麦文化 出品

序：最可贵的是前进的勇气

罗 翔

赵宏老师的随笔集《权力的边界》即将出版，邀我为她写序，让我诚惶诚恐。诚实地感到惶恐，恐怕自己名不副实。这并非自谦，赵老师一直是我心中的学者典范，我自认为在学术上不可能达到赵教授的成就。作为法学殿堂的门童，我对能在大殿中稳行的真学人总是心生仰慕。当然我亦深感荣幸，因为这是对我的鼓励、支持与奖赏。

赵老师是我的同学、同事，也是我学术写作的老师，对我个人而言，她最重要的标签是我的好友。孔子说：益者三友，友直，友谅，友多闻，益矣。赵老师就是这样的朋友。1999年，我们相识于法大研究生院，那时还没有大范围扩招，虽然是不同班级，但研究生同级的同学大多彼此相识。赵老师是行政法与宪法专业，编入一班。我是刑法学专业，属于三班。班级的排序似乎也寓意着刑法的谦抑与补充。刑法只是最后法，不到万不得已不要轻易使用，如果其他部门法可以解决矛盾，就没有必要动用刑法。我们都住在三号宿舍楼，赵老师住三楼，我住一楼。宿舍楼是建校之初的苏式建筑，现在已经成为保护文物，不再允许拆建。那时还没有校训，三号楼前面有一个宣传栏，写着一行宣传语，我一直认为那就是校训——人民送我学法律，我学法律为人民。每当我陷入职业的虚无，在精致的利己主义漩涡中无力自拔，我就时常想起这段话。学校门口经常有从全国各地跑来的群众，向我们这些年轻的学生寻求法律上的帮助。那时我才意识到，公平和正义从来都是民众心中最深的渴望，法治的理想要从书本走向现实，路漫漫何其修远。

赵老师是西北人，她的生活经历让她"长太息以掩涕兮，哀民生之多艰。"她推荐我看《隐入尘烟》这部电影。在这部真实到令人压抑的电影中，我能体会赵老师时常愤怒的原因。对于某些法治失序的乱象，正直的赵老师总是"孰不可忍"，用她的愤怒写就了一篇又一篇的文章。相信读者在本书中可以看到这种正直的愤怒。不知道是否只有人类存在记忆，只要人不是刻意选择去漠视与美化记忆，那么记忆带给正直之人的只能是对命运的感恩与对使命的坚守。

2002年，我们又一次成为同学，这一次是北大博士班的同班同学。赵老师很快就展露出她的学术才能，这与天赋有关，当然也离不开后天的努力与命运的加持。2003年赵老师去德国图宾根大学学习交流，成为荷尔德林、黑格尔和谢林的校友，我也随后步赵老师后尘，前往图宾根大学旁边的一个小城学习德语。当时的资助方是黑塞基金会，他们让我学好德语，然后进一步资助我去图宾根大学学习。那是我第一次出国，当飞机降落在法兰克福机场的时候，我突然想起村上春树《挪威的森林》的开篇。后来我才知道，赵老师是村上春树最忠实的粉丝。多年以后她纠正我说，《挪威的森林》开始时的降落地是汉堡机场，不是法兰克福。

赵老师从来都有学术的严谨。

有同学去机场接我，我们抵达图宾根大学时，已是深夜，赵老师居然做好了饺子来招待我们。情商颇低的我说作为南方人我其实不怎么吃饺子，赵老师只是笑了笑，轻松化解了尴尬。那天，我觉得饺子还是蛮好吃的，人需要不断走出地域的偏见。一般而言，友直和友谅难以兼容，正直的人往往眼中容不得沙子，严于律己者往往也严于律他。但是，在赵老师身上，我学到了包容。年纪越大，越能体会宽容是一种极大的美德。真正对命运感恩的人才能生出真实的宽容。

印象中我和赵老师同时学习德语，但是现在赵老师已经能够娴熟地运用德语，听说读写俱佳，而我除了还记得 Wie geht's（最近怎么样）以外，其他的都彻底 kaputt（完蛋）。我之所以选择学习德语，主要是觉得英语太难学，准备换一条赛道，结果发现德语更难，所以后来放弃了去德国进一步交流学习的计划。现在我时常会购买黑塞的书籍，主要是出于还债的心理，毕竟他们基金会资助了一个寂寞。在德国交流期间，我去了很多城市游山玩水，但赵老师很少和我们一起出行。我们玩耍的时候，她在刻苦学习德语，在图书馆认真查阅将来可用的文献。我深刻地认识到，人类一切的成就都离不开后天艰辛的努力，博闻强记的前提是勤奋。

2005年，我们回到法大任教，成了同事。赵老师发表了很多学术成果，而这都离不开她在学生时代的努力与付出。后来，我们一起组织读书会，希望能够在书籍中安放自己的灵魂，执着于学者的本分，能够拥有抵御世俗的力量。在这样一个小小的群体中，我们不再孤独。

赵老师时常督促我进行学术写作，一如我时常劝她进行普法写作。有一段时间，我觉得自己看透了学术界的浮华不堪，决定以消极抵抗的方法拒绝一切学术写作，也不再参与任何学术会议。但是赵老师告诉我，看得太重与看得太淡其实都是看不开的一种体现，一如自负与自卑同为自恋的两翼，愤世嫉俗在很大程度上只是求而不得的自欺而已。在朋友的帮助下，我慢慢走出了学术虚无的犬儒心态，开始认真地从事学术写作。几乎每一篇学术文章的写作都会首先听取赵老师的建议，并让见多识广的她帮我推荐一些文章和书籍，文章写完之后也会请赵老师帮我修改指正，并提供大量更多最新的德文文献。

因为长期研究德国公法的缘故，赵老师有真学者的严谨，非常注重对法律条文体系、逻辑和字句的分析，相信阅读本书的读者会有这种体会。有人说"理性主义者在探讨有关自然运行的知识时发现了自由，而存在主义者则在情感的放纵中找到了自由"，如果说赵老师是第一类人，那我可能属于第二类人。赵老师也让我慢慢纠正了对法教义学的偏见。很长一段时间，我更关注应然（should be）的法，而并不注重实然（to be）的法，毕竟实然之法充满了缺陷。但是，赵老师提醒我人类是有限的，实然的法必然存在不足，如果没有对实然法的尊重，现存的一切法秩序都可能荡然无存。理想中的法当然是美好的，但人性的幽暗又如何能够支持绝对完美的理想之法呢？我才意识到法律的理想性和现实性始终存在张力，物质的现象世界是变化的，但是理念世界是不变的。问题在于，法律解决的只是现象世界的乱象。我们并不拥有洞穴以外的知识，无论我们是在走出洞穴，还是重回洞穴，都必须接受洞穴中并不完美的现实。在本书中，赵老师一以贯之其法教义学的立场，每一篇文章都是在尊重现行的法的基础上对个案进行解读。你会发现，很多时候，通过合理的解释技巧，实然之法完全可以达到相对理想的效果。当然，对于法教义学者而言，最重要的是自我的法治理想。这就是为什么法学家考夫曼警诫人们：纯粹技术性的法学不过是一个性工作者，可以为任何人服务，也可以被任何人利用。每个受到良好训练的法学家基本上都能证明任何其想要的结果，可以将任何行为解释为犯罪，反而是那些并非法学家的正派人士不屑于使用这一技能。

赵老师是少有的理想主义者，她心中有属于自己的一片森林。作为一个严谨的公法学者，赵老师也是文学和艺术的爱好者。难怪经院主义哲学家阿奎那会说：凡是在理智中的，无不先在感性之中。真正的理想赋予我们勇气与激情，我从来觉得，对于法律人而言，直觉与经验高于技巧与逻辑，当然逻辑和技巧也有其意义。法学家卢埃林说："对法律人而言，只有理想而没有技术，那可能是愚蠢的；只有技术而没有理想，那可能是罪恶的。"

正直的人会选择理想主义，但理想主义者不一定正直。行为之善与结果之善从来都存在一定的张力。如果忽视行为本身的良善，结果导向的理想主义者往往会选择为达目的不择手段，从而导致人格的分裂，异化为理想的反面。法治从来都拒绝乌托邦式的结果诱惑，手段正义是结果正义的前提，在本书中，几乎每一个案件的分析都遵循着以行为善追逐结果善的法治理想。

行政法和刑法同属于公法，它主要调整的是国家与个人之间的关系，不同于调整平等主体之间的私法。基于国家和个人地位的天然不平等，所以公法的基本要义是在维护秩序的同时，又要对国家这种秩序的维护力量进行必要的约束，防止国家演变为毫无节制的利维坦。因此对个体权利的尊重，对国家权力的限制是公法学者看待问题的基本视角。在本书的几乎每篇文章中，大家都可以看到这种分析视角。对于不少重大的热点案件，赵老师都有勇气发出自己清醒的专业意见，千夫诺诺，不如一士谔谔，这种看似孤独的意见捍卫了她所从事专业的学术尊严。

《投名状》的庞青云说自己一生如履薄冰，但不知能否走到对岸。人生总是充满着无数的变数，纯粹的现实主义者无论多么战战兢兢，无论如何机关算尽，都无法克服淘汰出局的恐惧；但对于真正的理想主义者而言，世俗上的成功与失败终究只是一种幻象。只要理想依然高悬于空，铭记于心，那么也就"没有最终的成功，也没有致命的失败，最可贵的是继续前进的勇气"。从古至今，读书人都有三种道路，第一是慕强，"学成文武艺，货与帝王家。"读书的目的在于服务权贵，自然也可以根据权贵的喜好来调整立场。《史记·商君列传》记载，商鞅三见秦孝公，向秦孝公讲述了三种治国理论，分别是尧舜帝道，周礼之王道，还有立竿见影的霸道。假设当年孝公选择了王道，估计商鞅也会是一个杰出的儒学专家。第二是表演，作为剧场的明星，接受群众的点赞，一如启蒙时代的卢梭等人。因此，他们也必须根据群众的需要来调整观点，否则昨天为你点赞的人可能今天就会向你砸出第一块石头。第三则是牛虻，双向不讨喜，在群众狂热之时，让他们保持冷静，在权力高歌猛进之时，让他们记住刹车，一如雅典的苏格拉底。命运会让我们每一个人在这三条道路进行选择。

终其一生，我们所思所学都只是为了走出洞穴。如果命运恩佑，让你爬出洞穴，看到旭日东升，你就可以吹灭手中那人造的微弱烛光。但是你无需扔掉蜡烛，因为有一天你还要重下洞穴，唤醒那些仍在洞穴中执着于幻象的民众。

李白诗曰："总为浮云能蔽日，长安不见使人愁。"然而，浮云终究无法长久遮蔽太阳，心中永不凋零的理想国也可驱逐一切愁烦。

序：探索即自由

陈碧

行政法是法学院的必修课，但我读大学的时候似乎没学明白。政府是个庞然大物，而行政管理过于繁杂，看着书上列举的各级政府部门、各种规章制度、各类审批许可，就感觉好烦，祈祷最好这些都与我无关。那时候我喜欢研究犯罪和证据，热衷于讨论尸体和现场，一边在食堂吃饭一边聊巨人观，觉得自己酷极了。

相信很多人跟我一样，不知道行政法有什么用。看到《权力的边界》这个题目，很容易想到性恶论——自霍布斯以来就深入人心的观点"一切人反对一切人的战争"，因此当然要限制权力。要不然，就是"权力导致腐败"之类的传统判断——如果不把权力放进笼子，它就要出来咬人，这种话听多了也会产生狼来了的厌烦。假如人性是向善的呢？假如行使权力的人动机十分高尚呢？会不会这些西方的观念并不适用于东方呢？对于一个一心为民造福的权力（如果真的存在），那么它的权力范围也要被严格限制吗？

其实答案就在这本书《权力的边界》里。我们不谈主义，只谈问题。老实说，我也是通过这书的讲述，经历了一些事，认识了一些人之后，才理解了行政法的意义。

你肯定听过这个新闻：李先生买了一棵香樟树，种在了自家花园的外面。几年之后，李先生请人对这棵长势喜人的香樟树进行了修剪。但城管部门认定这属于砍伐行为，并对其做出金额高达 14.42 万元的罚款处罚。城管的判罚是合理的吗？自己花钱买的树，修剪一下也不行吗？

又比如，一位老人推车在街头售卖甘蔗，一群身着黑制服的市容执法员突然围堵住他，抢走了他的甘蔗。对此案的解读，除了市容执法大可不必"大炮打蚊子"之外，还涉及公务外包的问题。这些黑衣人是谁？他们能不能代行政府之职？假如政府将职能不加区分地任意外包，在外包后又不承担监督责任，谁将为此承担代价呢？

涉及女性权利的故事也很多，单身女性能不能冻卵？抢生二孩该不该罚？计划生育里被调剂的孩子去哪里了？为什么被偷换人生的总是那些底层苦苦打拼的女生？这个世界不要的"那些女人"，她们被交换、被拐卖、被虐待的时候，权力在哪里？

关于网暴，还有一个专门的章节，从我们一起刷的网剧《开端》，讲到刘某州之死、粉红色头发女孩，从人性之恶讲到平台责任，还手把手地教你取证、维权、立案。

总之，你翻翻目录，就会想知道细节和答案。这就是身边的行政法，这也是学者普法的意义——我在大学没学明白的那些概念、原则，在多年以后被这些故事里的人和事，激活了。你没学过也没关系，翻到任何一页，都可以了解国家权力的折叠和切面，它就在我们身边，它就是生活。

赵宏老师比我低一级，在中国政法大学读书的七年里年年拿奖学金。据她宿舍的同学说,她是每天准时起床还给室友占图书馆座位的人。我猜她在北大读博期间也是如此。罗翔点头称是:她就是一个不折不扣的学霸。学霸回到法大做学术也是一骑绝尘,毫无悬念地早早修炼成了行政法的教授和博导,我看她和博士们站在一起还蛮像个硕士的。赵老师的学术功底扎实,又受到德国法的魔鬼训练,我强烈推荐不会写学术论文的人多读几遍她的文章。这几乎不能叫随笔,而是小型学术论文,结构严谨,还有交响乐的韵律。我不能再夸了,毕竟我不太够格:我是一个放弃了学术追求的同行,而且也不太懂音乐。但是,我听她讲起教义学的道理,似乎和贝多芬的那些曲子有相通之处。

我俩并不是一个专业,甚至在求学生涯里都不是校友。我们的友谊是从读书会开始的,从二十多岁到四十多岁,读书这件事一直没中断过。我读到一本好书就会第一时间说:我快读完了,你们别买了,下次吃饭我带上。我看书的时候很喜欢批注,所以她再读的时候就知道我在想什么。罗翔老师也有同样的习惯,但他借书的时候很小心,必须先翻一翻自己写了些啥。然而书借多了也防不住这些,我们经常翻到某一页,对着他的某个批注暴露的小心思哈哈大笑。

赵宏在某些方面和村上大叔很像,比如每天跑十公里,每天都写字。大叔每年都有新作品,她也每年都有核心期刊和专著。大叔没有获得诺贝尔文学奖,她也没拿到过任何法学家的称号。大叔说过鸡蛋和墙,她也永远站在鸡蛋这边,你看她的书名就知道。

赵老师不仅自己写稿,还擅长组稿。有人问我,她是不是什么媒体或者杂志的主编?我觉得这问题直击灵魂,赵宏就是不折不扣的主编人才。她会找热点、找作者、做时间管理，更重要的是，她还一声不吭地改稿，事了拂衣去，深藏功与名。试问哪个杂志不需要这样优秀的主编呢？赵老师很谦虚地说：通俗期刊我还差点，学术期刊我肯定行的。

其实我和赵老师现在所在的俱乐部法大就是个挺自由的地方——用本书的话来说，权力的边界很清晰，权力的行使很克制。管得少，才能有学术自由，才能有宽容的氛围，才能有参差多态。据说大疆公司被采访问到深圳政府为它做了什么？大疆的回答是，什么都没做，没管就是最好的支持。同样，我们现在的俱乐部虽然一直被诟病为"老破小"，但在管多少、怎么管上还是一直秉持着无为而治的精神，也许这和本届俱乐部 CEO 是行政法出身有关。

回到本书的主题，权力应该管多管少，一直都存在争论。完美生活是需要一个大政府还是一个小政府？对于哲学家、政治学家和经济学家，这就是炒冷饭的话题。但对于身在其中的国民和他们的生活来说，政府管多管少、做好做坏影响可就太大了。即便是本书中的一些议题，比如马某是否要为儿子的死负责、知假买假能不能得到法律支持、高铁掌掴案是不是正当防卫、色情写作是不是言论自由，我和赵老师也没有达成共识。我就认为在儿童的监护权上，你还能指望政府比亲生父母做得更好？职业打假也无可厚非，法律不应刻意回避送上门来的受害人。高铁掌掴案，就不应该和正当防卫这样敏感的词联系在一起，它还没到那个程度。至于色情写作嘛，我秉持斯图尔特大法官的原则——"当我看到我才知晓"。

吵归吵，我们依然是朋友。我还担心过，如果我们所有观点都一致，会不会相看两厌啊？目前看来那不可能发生。我们自己都在变化，年轻时我们读哈耶克的《通往奴役之路》，二十年后已经开始交流《贪婪已死：个人主义之后的政治》。我们也在琢磨另一个问题：公共权力除了守住边界，它还能为身在其中的国民、为人类福祉做点什么呢？有些事情不管，会让一部分人痛苦，管了，又会让另一部分人痛苦。当民众既要求合格的产品质量又不能容忍职业打假人从中牟利，既要求生育自由又不能容忍传统的婚姻家庭受到冲击，当"权利"这个概念被无限延展……，政府权力到底要如何自我调适？这个问题，哈耶克可没有给出答案，但社群主义的想法又让自由主义者心生警惕。哪里才有不负如来不负卿的两全法啊？

大家检阅这些文章时，也一定会有对某些问题的不同观念。有一件事是每个人都能做到的，那就是允许别人对于自己坚信的事情暂时不做判断。这并不意味着我们各说各话，但它能确保不会人为地封堵住每一条探索之路。

而这条探索之路，也意味着我们的自由。

目　录

个案的正义

权力的边界

执法的温度

自由的价值

网络的秩序

个案的正义

司法回应道德，法官应如何说理

2022年1月10日，江某母亲江妈妈诉刘某（现更名刘某曦）生命权一案，在某地人民法院一审宣判。

强悍的江妈妈用长达5年的不懈努力，终于为侠气仗义却惨死异乡的女儿讨回了一份公道。法院最终判决刘某曦赔偿江妈妈经济损失和精神损害抚慰金近70万元，并承担全部案件受理费。判决一出，我和朋友们都感慨，再没有什么比看到忘恩负义之人受到惩罚更让人心理舒适了。

一封判决书的正义

我的好友陈碧教授第一时间撰文《一封判决书的正义》，写道："法律固然应当理性、客观和中立，判决书固然理当分析过错程度、因果关系、事实和证据，但情理、价值观与法律的交融，判决书中必要的人性化、个性化，才是人民需要的，也能理解的司法判决。"这份判决不仅给了痛失爱女悲愤欲绝的江妈妈以巨大安慰，也彰显了法律对社会应崇德向善的明确引导，避免了只讲法条不顾伦理人情可能导致的道德滑坡。

我们都为得偿所愿的江妈妈感到欣慰，也为某地法院在判决中表达出的温情善意击节鼓掌。但当喧嚣沸腾的情绪平复，再回看江某案判决时会发现，还是有很多问题需要细致思考；在对判决的一片叫好声中，也还是有质疑和批评的意见需要认真对待。

江某案中的刑事责任

江某案首先涉及的是刑法问题。江妈妈最初寄望于通过收集大众签名，让残忍杀害女儿的凶手陈某某以命相偿。无奈日本刑事实践中已经几乎废弃了死刑，陈某某最终也只是被判处20年有期徒刑，虽然这在日本已经是有期徒刑的上限。但将江某拖入危险后又锁上房门，导致其最终独自面对陈某某尖刀的刘某曦是否同样构成犯罪，我国刑法界至今也还存有争论。

江某案最初曝出时，罗翔老师就曾写下评议："不要轻易向他人抡起道德的杀威棒。"认为刘某曦的作为只是道德问题，并不构成犯罪。为解释这个结论，罗老师还举例说："当我对刘某曦进行道德判断的时候，我不断地反问自己一个问题：在那种情况下，我会不会也如此懦弱？我很想做一个勇敢的人，但我并不知道当真正的挑战来临的时候，我会不会像自己所想象的甚至所宣称的那般勇敢。"他在此处所表达的换作法律专业术语就是所谓"一般人标准"，即法律义务的设定要考虑一般人能否达到，而并非道德高洁的义人。既然是一般人，自然要考虑一般人都会有的自私、懦弱甚至幽暗心理。也因此，济危扶困、舍生取义是美德，却非法律义务；刘某曦因为怯懦恐惧而锁上房门，阻断了江某的唯一活路，需要道德谴责，却不构成犯罪。

但上述言论在当时被很多人曲解为是为道德败坏的刘某曦脱责，罗老师也毫无疑义地招来一轮网暴。他只得再次写下《道德谴责的打开方式》予以回应，提醒公众谨慎开启道德谴责的阀门，在对他人进行道德评价时首先反躬自省。以罗老师一向温良的性格，即使恶如刘某曦，他也还是希望她能够改过自新，不至于因大众铺天盖地的谴责而彻底社死。

相比罗翔的无罪说，另有一种刑法意见似乎更符合很多人对刘某曦的谴责期待。在我国法学界，认为刘某曦的行为应该入罪的有共犯说，也有不作为犯罪论。但上述结论除了缺乏足够明确的证据支持外，也不太能经得起刑法教义解释的检验。最关键的，这里面仍旧包含着对人性过高的要求。若真要将刘某曦的行为入罪，也会潜伏刑罚扩张的危险。毕竟在法律人的认知里，刑法还是应该保持适当的克制和谦抑，应避免过度介入所导致的刑罚泛化。

江某案中的民事责任

日本当地法院最终只是对陈某某提起了刑事追诉，而并未对刘某曦定罪。意难平的江妈妈在某地法院向刘某曦提起了生命权纠纷的民事诉讼，要求刘某曦赔偿其死亡赔偿金、丧葬费、误工费、交通费、住宿费、签证费等各项经济损失177万余元以及精神损害抚慰金30万元。这份诉状引发法律界对于刘某曦是否要负担民事责任的争论。

因案件发生于民法典颁布之前，所以某地法院在进行论证说理时所引用的还是民法通则和侵权责任法。民法通则第98条的引用，主要为江某生命健康权应予保护提供基础。也是为确保个体的生命健康权获得充分保障，侵权责任法第6条第1款规定："行为人因过错侵害他人权益，应当承担侵权责任。"这里的"权益"当然包含"生命健康权"。据此，刘某曦要承担侵权赔偿责任的前提就在于，其对江某的死亡存在过错。

本案裁判用以证明过错的方式大体分为以下三步。

首先，确认刘某曦与江某之间形成了一定的救助关系。这种救助关系的形成不仅因为江某在刘某曦身陷困境时为其提供的友情支援，还在于"作为危险的引入者和被救助者，刘某曦对江某负有必要的注意义务及安全保障义务"。

其次，因为刘某曦与实施直接杀人行为的陈某某此前是情侣关系，了解其性格特征，相比江某对侵害危险具有更清晰的认知和预判。而这一点又可以通过刘某曦看到陈某某携刀冲入时，先行入室并将屋门锁闭获得佐证。

最后，刘某曦未充分尽到注意义务和安全保障义务。她不仅在与陈某某发生感情纠葛时未将事态的严重性和危险性告知江某，还在面临陈某某的不法侵害时先行进入房间并将房门锁闭，导致江某完全暴露在不法侵害之下，处于孤立无援的境地之中。

经过上述三步论证，法院得出本案至为关键的法律结论："刘某曦作为江某的好友和被救助者，对于由其引入的侵害危险，没有如实向江某进行告知和提醒，在面临陈某某不法侵害的紧迫危险之时，为求自保而置他人的生命安全于不顾，将江某阻挡在自身家门外而被杀害，具有明显过错，应当承担相应的民事赔偿责任。"

至此，某地法院可说相当清晰地解释了刘某曦应承担民事侵权赔偿责任的过错缘由。因此类过错所引发的侵权在法律上又被归纳为"不作为侵权行为"。不作为侵权的特点在于，直接导致损害结果发生的并非侵权人本人而是第三人，但作为义务人的侵权人只要尽到相关义务，就能够避免或阻止损害的发生。也因此，这种侵权行为的认定又以侵权人负有义务为前提，具体至本案，则是如裁判所言，刘某曦负有危险告知义务和安全保障义务为前提。

裁判全文公布后，民法界讨论最多、质疑最甚的是法院列举的第二项"安全保障义务"。有学者就明确指出，侵权责任法里的安全保障义务有特定意涵，义务承担主体主要是"经营场所、公共场所的经营者、管理者或者群众性活动的组织者"，这些主体对进入其场所或参与其活动的公众负有一般性的安全保障义务，若不履行该义务就会有民事责任的发生。例如，小区保安因疏于职守导致凶手入户抢劫，此时在法律上就有可能被确认为未尽安全保障义务。但将此义务适用于刘某曦身上，似乎有对法律扩张解释之嫌。

也有反对意见认为，刘某曦的安全保障义务不是法律硬给她的，而是她自找的，是其主动要求江某提供帮助的"在前行为"引发了之后其对江某的安全保障义务。对此更有力的支持，其实还来自法院在判决后面部分的论证："在社会交往中，引入侵害危险、维持危险状态的人，负有采取必要合理措施以防止他人受到损害的安全保障义务；在双方已形成救助关系的前提下，施救者对被救助者具有合理的期待，被救助者对于施救者负有更高的诚实告知和善意提醒的注意义务。"赞成此案适用"安全保障义务"的学者，甚至还为某地法院的裁判补充了因果关系的说理，认为因刘某曦锁门的行为，"导致江某生命权被剥夺的危险急剧上升，其躲避危险的可能急剧下降"，这种高概率的存在，已经使不作为侵权行为与死亡结果之间具有了因果关系，也因此充分证明其对江某的死亡存在过错。

我并不专攻民法，但从裁判的整体论证来看，即使某地法院有关刘某曦应负民事侵权责任的论证说理与法律适用的精准要求之间会有细微偏差，整体上仍在法解释的合理框架内，结论也言之有据且令人信服。其对案件事实的定性，尤其是对刘某曦为求自保的锁门行为所进行的过错评价，更是给了一直苦苦为女儿讨回公道的江妈妈一个明确的法律"说法"。

裁判说理的问题：司法道德化的隐忧

在裁判全文公布之前，新闻媒体在报道江某案时所援引的，都只是法院在判决最后部分的引申："本院认为，扶危济困是中华民族的传统美德，诚信友善是社会主义核心价值观的重要内容。司法裁判应当守护社会道德底线，弘扬美德义行，引导全社会崇德向善。"

最初和陈碧老师探讨本案时，我心里一直隐隐存有疑惑，为何在判决中不见法条援引和法理论证，而只是诉诸情理与道德，通篇不断出现的传统美德、价值观的表达，虽然在极大程度上应和了公众朴素的法律情感和道德期待，也使司法判决具有了人性温度，但却很容易落下"春秋决狱"的口实。作为一个持规范主义主张的法律学者而言，判决中频繁出现的美德和价值观更引发我关于司法道德化的隐忧。而"依法裁判"之所以在司法审判中被反复强调，并非只是简单申明司法裁判要有明确的法律依据，毋宁是通过将司法裁判牢固地系于规范基础和法律解释之上，来确保裁判具有明晰性、可预测性以及最低限度的理性。由此也可以防止司法判决轻易就落入法官恣意，并成为迎合大众或是配合政策的手段选择。

好在从最新公布的判决整体来看，某地法院还是进行了非常细致的规范解释和论证说理。仔细研读江某案判决的通篇内容，也会发现上述有关传统美德和价值观的引申，在判决中大体是发挥了两方面的作用。

其一，为刘某曦应向江妈妈支付精神损害抚慰金提供说理。法院在判决中饱含温情地写道："原告江某某作为江某的母亲，含辛茹苦独自将女儿抚养长大，并供女儿出国留学，江某在救助刘某曦的过程中遇害，江某某失去爱女，因此遭受了巨大伤痛，后续又为赴国外处理后事而奔波劳碌，心力交瘁，令人同情，应予抚慰。而刘某曦在事后发表刺激性言论，进一步伤害了江某某的情感，依法应承担精神损害赔偿责任。"这段话读来最让人动容。在民事案件中，精神损害抚慰金一直发挥着双重功能，既有对侵权人过错的惩罚，也有对被侵害人痛苦的抚慰。法院的上述裁判，一方面对痛失爱女的江妈妈给予了极大安慰，另一方面也清晰说明在江某被害后的近五年时间里，刘某曦多次与江妈妈发生争执，并对其公开发表刺激性言论，不仅加剧了江妈妈的痛苦，也已触及整体社会的道德底线，因此理应在民事侵权赔偿之外，再承担相应的精神损害赔偿。

其二，是通过裁判尤其是通过涉案人物的褒贬处理来积极守护社会道德底线，弘扬美德，引导全社会崇德向善。某地法院在判决中旗帜鲜明地表达了"司法裁判应当守护社会道德底线，弘扬美德义行，引导全社会崇德向善"的立场，并在之后对江某和刘某曦的行为分别进行了褒奖和谴责："江某作为一名在异国求学的女学生，对于身陷困境的同胞施以援手，给予了真诚的关心和帮助，并因此受到不法侵害而失去生命，其无私帮助他人的行为，体现了中华民族传统美德，与社会主义核心价值观和公序良俗相契合，应予褒扬，其受到不法侵害，理应得到法律救济。刘某曦作为江某的好友和被救助者，在事发之后，非但没有心怀感恩并对逝者亲属给予体恤和安慰，反而以不当言语相激，进一步加重了他人的伤痛，其行为有违常人情理，应予谴责。"

但也正是这段褒贬评价，引发了学界对于此案判决说理的最大争议。这一段究竟是否如陈碧老师所说，是"在司法裁判的合法性与合理性、可预测性与正当性、形式正义与实体正义、法律效果与社会效果之间达成了完美结合"，还是裁判精细说理之外的冗余，甚至是一份伟大判决的败笔，尚有讨论的空间。

其实法院引述法律原则尤其是公序良俗、诚实信用等来判案此前已不少见。最典型的莫过于泸州遗产案。原告与被告的丈夫长期处于情人关系，在情人去世后要求被告按照情人去世前的遗嘱分割其财产。法官最后就是依据公序良俗判决作为情人的原告败诉。其原因就在于，该遗嘱虽属于当事人的意思自决，但将遗产赠予情人却违背了善良风俗，也构成了对婚姻家庭制度的严重挑战。

值得注意的是，法院引述法律原则判案一般都是法律缺乏明确的规范依据时，而良善美德这些道德法则通常也只有在实定法无法发挥效用时才作为补充。其原因就在于，公序良俗、良善美德不仅意涵常常模糊不定，也因为过于道德化而极具主观性。因此如过度使用稍有不慎就会造成误伤。行政执法中的一个极端案例可为此提供佐证。

2018年一位山西妇女闲来无事录制了一段城管巡街视频发送在抖音上，还配上了"鬼子进村"的音乐。公安机关认为其构成了寻衅滋事，对其处以拘留5日的处罚。案件中公安机关同样是对何谓"寻衅滋事"进行了偏道德化的解释，认为抖音配乐是将城管执法人员类比于侵华日军，是对执法人员的恶意侮辱。但吊诡的是，"鬼子进村"的音乐并非抗日剧的首创，而是来自苏联作曲家肖斯塔科维奇。此处如果再插播下老肖的生平，法律和道德紧密捆绑，或是擅用道德办案的问题就会格外凸显。这位传奇的音乐家一辈子活在斯大林的高压政策和死亡威胁下，谨小慎微地写着歌颂祖国的应景之作，却并未妨碍他成为继巴赫和贝多芬之后最具深度和开创性的古典音乐家。而我们熟悉的"鬼子进村"取自他的《第七交响曲》，曲风晦暗诡异极具反讽，无疑也是作曲家内心波澜的真实写照。这个案件不仅说明我们以为的"鬼子进村"描述的并不真是鬼子，还在某种程度上提示，如果对法律做过度的道德解读，不仅在处理细节上经不起推敲，可能也会导致惩罚的泛化。

所以说，尽管上述阐释对引导社会崇德向善发挥了重要意义，但法院裁判最后在传统美德公序良俗和核心价值观的牵引下，直接对当事人进行道德上的褒贬评价，仍旧让人感觉有"司法过度道德化"之嫌，也会引发人们对司法中立性的疑虑。作为法律人，我们已经习惯了在判决中出现权利义务、有责无责、过错分析、因果关系等这些专门术语，但直接的道德褒扬和谴责似乎就与司法存在一定的违和。这里的认识误区其实是，司法的确应有道德关照，应经得起道德标准的审视，却不宜直接在个案中对当事人进行道德评价和审判，更不宜直接用道德判案。换言之，司法对道德的回应，应经过规范和解释的过滤，应转换至法律的语境之下，而不应过于直接和积极。

这里体现的仍旧是规范法学的一般主张，即原则上法律和道德之间要适度分离，司法裁判也要通过法教义学的公式化建构和常规化操作进行。这里的分离并非否定道德和法律相互关联，而是避免随意诉诸道德可能引发的司法专业性与中立性的崩塌。但原则也会存有例外，当某项实定法严重违背道德，或者根据上述法教义学的操作得出的判决严重抵触了一般公众的道德期待，此时就需直面规范适用中的价值冲突并重新做出价值选择。也正因如此，瑞士《民法典》第1条规定："民事活动，法律有规定的，依照法律；法律没有规定的，依照习惯；没有习惯的，依照法理。"据此，在有成文法的国家，直接适用道德法则或法理判决只能作为例外，其前提是实定法本身存有空白或缺陷。

但这个前提在本案中并不存在。某地法院在前面的法律论述中已通过精细的教义学操作得出了刘某曦有责的答案，包括民法通则、侵权责任法在内的实定法也给本案的过错判定和因果关系提供了解释方案，此时再大段引入对刘某曦的道德谴责就会显得有些冗余。

让刘某曦承担近70万元的民事赔偿无可厚非，但再通过司法判决让其彻底道德破产，当时看着虽痛快解气，但情绪平息后再细想，这种处理似乎也未关照到一个普通人的软弱和自私。和陈碧老师讨论时，我还说刘某曦在案发时为求自保锁门避险还能让人理解，事后非但没有任何感恩反而对江妈妈恶语相加就实在可恶。但这种行为诉诸心理学似乎也能获得解释，大概是无法背负如此沉重的负罪感所以选择切割，陈碧老师精辟地总结，这就像《麦克白夫人》里揭示的，"无法偿还的债，只能用背叛终结"。

"塔西佗陷阱"和法官的角色

从整体来看，江某案判决都具有典型意义。裁判本身不仅论证细致，措辞行文也饱含对江妈妈的抚慰体谅和对良善美德的推崇，这些都值得赞赏。某地法院也借此判决表达出守护社会道德底线、引导社会向善的司法担当。尽管判决是不是需要直接表达道德，或是在已有法律说理的前提下，是否还需诉诸道德法则值得再商榷，但这些瑕疵都不影响这份判决从整体上仍旧是一份正义的判决、有温度的判决和良善的判决。

其实，如何处理司法与道德本身就是费解的难题，这也使得法官需要反复思量一份判决究竟该如何说理。诉诸道德法则和公序良俗会引发公众对道德泛化的怀疑，但通篇都只是冰冷僵硬的法律术语，又根本不能让像江妈妈这样一心讨个说法的当事人获得真正的安慰。法院也因此常常陷入"塔西佗陷阱"中，就是怎么判都会有人不满。

记得陈碧老师的文章刊发时，我们法治组的小伙伴都在挑选自己最爱的金句。主编说她最喜欢"公平是美德，善良难道不是美德"，也有人选"容许空气中充满不和谐的声音，不是软弱的表现，而是力量的象征"，但于我而言，感觉对本案裁判最恰切的形容，还是她引述的德国法学家黑克的名言："判决背后的法官，他既不能是在立法者面前无条件顺从的仆人，也不能是为实现正义哪怕天崩地裂的冒险者，而是小心翼翼、谨慎冷静地在规则与价值之间来回穿梭和调和的有思考的服从者。"

修剪自家的香樟树，被高额处罚合法吗

家住某地的李先生多年前买了一棵香樟树，栽种在自家花园里，后因香樟树遮挡屋内采光而移至院外。

又经过数年，繁茂生长的香樟树再次挡住了李先生院内花草的阳光，李先生遂请人来修剪。但此修剪行为却被小区居民举报，城管部门经调查后认定李先生属于砍伐行为，并对其做出金额高达14.42万元的罚款处罚。

接到处罚决定后，李先生相当错愕，一来被修剪的香樟树本来就是自己花钱所买；二来自己只是修剪树木并未砍伐。其实，不仅作为当事人的李先生感到困惑，这一处罚同样超出了一般公众的法律认知和情感判断。

在遭遇质疑后，城管执法部门对这一处罚的事实依据和法律依据进行了详尽解释，但其解释是否具有说服力，是否足以支持这一高额处罚的正当性还需进一步分析。

香樟树案处罚的直接依据

城管执法部门对李先生予以处罚的直接依据在于当地绿化条例。此条例是当地人大常委会于2007年制定的地方性法规，最新修订时间为2018年。该条例第43条第2款中规定："违反本条例第29条第1款规定，擅自砍伐树木的，由市或区绿化管理部门处绿化补偿标准五至十倍的罚款。"

而该条例第29条则规定："禁止擅自砍伐树木。因下列原因确需砍伐树木的，养护单位应当向市或区绿化管理部门提出申请：（一）严重影响居民采光、通风和居住安全，且树木无迁移价值的；（二）对人身安全或者其他设施构成威胁，且树木无迁移价值的；（三）发生检疫性病虫害的；（四）因树木生长抚育需要，且树木无迁移价值的。"

对于李先生修剪香樟树的行为属于"砍伐"的认定，则来自当地绿化和市容管理局制定的居住区常见树木修剪指南。该指南旨在避免修剪不规范和不到位，而对小区植物修剪时间、修剪原则、修剪技术、修剪方法等都提出了一定指导意见。其中涉及香樟树的规定包括："香樟等常绿树的修剪应在春季萌芽前或秋季新梢停止生长后进行，避开极端严寒和高温天气。"对于修剪方法，则是"这类树木顶端优势不明显，一般以疏剪为主。在保持树木冠形的基础上，定期对过密的枝条有选择地进行修剪，重点去掉枯枝、病虫枝、过密枝等。如果此类树木严重影响居民通风采光的，在各区绿化管理部门的指导下可进行回缩修剪。修剪后至少保留2—3级的骨架，并逐步培养形成新的树冠。"

在城管执法部门看来，李先生对于香樟树的修剪已经逾越了"有选择地修剪"的尺度，而直接将其砍成了没有枝叶的树桩，已属于当地绿化条例所禁止的违法"砍伐行为"，因此按照被砍的香樟树价值5倍的标准对其予以处罚。

过度修剪还是砍伐？

城管执法部门的上述说明似乎形成了一个逻辑闭环，能够为其做出的高额处罚提供理由支持。但值得注意的是，作为逻辑起点的是城管执法部门对于李先生的行为属于违法"砍伐树木"的认定，处罚的法律适用也都围绕这一核心事实展开，但这一认定是否准确尚需要细致讨论。

城管执法部门认定李先生修剪香樟树的行为属于"砍伐"的依据主要在于居住区常见树木修剪指南。但纵观这部指南，其只是对不同种类的树木的适宜修剪时间、原则、技术和方法提供了一定指引，并未明确界分"修剪"和"砍伐"。如果进行合逻辑的推导，即使未完全按照该指南进行修剪，其所构成的也只是修剪不规范、不到位或是方法错误，而不一定就是砍伐。

从文义解释出发，当事人的行为被认定为"砍伐"，至少需要两项要件：其一，其有砍伐树木的主观故意；其二，其行为造成了树木无法继续生长的客观后果。而实践中，从行为人使用的工具、操作行为（如拦腰锯断或是连根拔除）等方面也可进行是否有砍伐故意的判断。但从李先生的陈述以及记者的后续采访和调查来看，李先生首先并无此主观故意，其修剪香樟树的目的只是为了避免自家花园花草被香樟树的繁茂枝叶遮挡阳光，其次尽管被修剪的香樟树从外观上看几乎被修剪成了树桩，但被修剪部分仍有新芽发出，香樟树也未彻底变成枯枝烂头。从这个意义上说，城管部门仅从李先生的修剪行为不合指南，就径直认定其属于砍伐，并不适宜。

此外，居住区常见树木修剪指南仅属于绿化部门为规范小区树木修剪所提供的技术性指引，这一指引能否作为处罚的直接依据或是法解释的唯一基准也值得商榷。原则上，技术性标准只是指导，并不具有强制力，其距离法律界限或法定义务尚有一定距离。一般情况下，为具体化原则性或抽象性规范，立法会参考技术性标准进行内容填充，但技术性标准要上升为有拘束力的规范，仍需立法将其明确嵌入法规范的构成要件中，并做出清晰提示和说明。

在法解释和法适用上，技术性标准虽然也会起到一定指引作用，但同样并非法解释和法适用的唯一指南，更非强制性基准。其存在的意义一方面是为行政执法提供方向指引，以简化法律适用的困难；另一方面也在于抑制行政的恣意空间，确保法律适用的统一。但这两方面作用都有可能存在例外，理论和实务既允许执法机关采纳技术性标准以外的其他解释基准，也允许某些前提要件出现时，执法机关可脱逸出由技术性标准所框定的裁量范围。

具体到本案，绿化部门制定的树木修剪指南可以成为城管执法部门进行事实认定的参考，甚至是解释当地绿化条例中何为"砍伐树木"行为的参考，但却不是法定的、强制性的，甚至是唯一的基准。因为作为处罚主要依据的当地绿化条例并无对这一指南的明确援引，也因此其并非具有强制力和拘束力的法适用、法解释标准。城管执法部门在认定当事人的行为是否属于砍伐时可以参考居住区常见树木修剪指南，同时也需要注意规范文义、目的、体系等其他内容，由此来妥适为当事人的行为定性。

将自买的树木移入公共绿地是否还有处分权？

本案涉及的另一问题是，香樟树本是李先生自己所买，只是将其从自身庭院移植入小区的公共绿地，此时李先生是否仍拥有对香樟树的处分权。

首先需要澄清的是，个人出于公益心而出资购买树种并种植在公共绿地并不违法。当地绿化条例第5条就规定："鼓励单位和个人以投资、捐资、认养等形式，参与绿化的建设和养护。"这就说明，条例鼓励个人参与绿化建设，因此这种行为显然要与私自圈占和破坏公共绿地的行为相区分。但本案中李先生是将自己已种植入院落的树木再移植入公共绿地，这一点其实并不符合当地绿化条例的规定。根据该条例，擅自迁移树木是被禁止的，如因"严重影响居民采光、通风和居住安全"等原因而需迁移树木的，也必须由业主向绿化管理部门申请。做此限制的原因在于维护环境利益，避免个人擅自迁移树木而造成树木死亡。但从新闻报道来看，李先生移植树木已经多年，移植行为也未影响树木的继续生长和公共绿地，所以这一行为既已过了行政处罚的时效，也无再追责的必要。

但李先生将香樟树移入公共绿地后，就已经不再拥有对树木的处分权。根据当地绿化条例第23条，"居住区绿地由业主委托的物业管理企业或者业主负责养护"。如果"居住区内的树木生长影响居民采光、通风和居住安全"，也是由居民提出修剪请求，再由养护单位按照有关规定及时组织修剪。如果是因为"严重影响居民采光、通风和居住安全，且树木无迁移价值"，确需砍伐树木的，更应由养护单位向市或区绿化管理部门申请，否则即构成违法砍伐。

上述规定的目的在于有效促进小区的整体绿化并保护生态环境。其实即使不是位于小区的公共绿地，而只是种在自家花园里的树木也不能随意砍伐。依据当地绿化条例第30条的规定，如果砍伐的是自家院落里种植的胸径在25厘米以上的树木，或是十株以上的树木，同样要向绿化管理部门提出申请，否则同样构成违法砍伐。此处涉及的本质上是财产权的社会义务，即使是个人财产，但因为涉及社会连带也不能随意处置。对于树木而言，已生长成形的大型树木即使种植在自家院落中，也已经攸关小区的整体生态环境，因此也不能任由购买者砍伐。从这个意义上说，李先生主张树木是个人购买，只是移植入公共绿地，并不能成为免责的理由。

处罚是否违反过罚相当原则？

本案之所以引发争议其原因主要在于，这一处罚即使在一般公众看来，也是明显过当的。行政处罚法规定："设定和实施行政处罚必须以事实为依据，与违法行为的事实、性质、情节以及社会危害程度相当。"所谓"过罚相当"原则。

在本案中，即使李先生擅自修剪已移入公共绿地的树木的行为并不符合当地绿化条例，其对香樟树的修剪也未遵从居住区常见树木修剪指南，而是存在不当和过度，但鉴于此树的确是由李先生私人购入，而且过度修剪并未造成树木彻底死亡的后果，对其处以如此高额的处罚就是不符合其性质情节和社会危害性。

造成城管执法部门在处罚时过罚不当的很大原因又在于，其处罚时并未考虑当事人的主观意图和主观过错，而仅以客观后果作为处罚的唯一依据。新修订的行政处罚法第33条第2款明确规定："当事人有证据足以证明没有主观过错的，不予行政处罚。"这一条被誉为在行政处罚中引入了"责任主义"，即行政处罚所针对的是当事人的主观恶意，所谴责的也是当事人在自由意志支配下的违法行为。与刑罚一样，在行政处罚中同样纳入责任主义，被认为是对个人意志自由的尊重，也是行政处罚法此次修改的重大进步。

根据责任主义，当事人若无主观过错，就不应该受到惩罚。借鉴刑法的一般理论，对主观过错的判断至少应包含两个方面：其一是对客观事实的认知，包括对行为对象的认知，如将一棵名贵树种误当作普通树种而砍伐，再如确知行为的可能结果而故意导致或放任结果的发生，具体至本案则是确知修剪和砍伐在操作技术上和行为结果上的差异；其二是对法律评价的认知，或者说行为可责性的认知，即当事人不仅在客观事实方面对其行为有所认识，也同样清楚认识到其所实施的行为是法律所禁止的。从这两方面来看，李先生显然都不存在应受苛责的主观故意。第一，就事实认知而言，从李先生修剪香樟树的操作方式以及香樟树的后续生长来看，李先生都无砍伐树木的故意性；第二，就法律评价而言，李先生对于修剪公共绿地的树木必须向养护单位申请，必须符合修剪指南，否则就会遭遇处罚的结果也并不清楚。城管执法部门在行政处罚时显然未对李先生是否存在主观过错本身予以考虑，这也导致了最终的过罚失当和僵化执法。

法律惩罚应符合公众的道德期待

其实违背一般公众认知和情感的刑罚案件和行政处罚案件近年来并不少见，如气枪案（刘某网购仿真枪当作玩具触犯走私武器罪案）、两只鹦鹉案（王某出售两只鹦鹉触犯非法出售珍贵、濒危野生动物案）和鸿茅药酒案（谭某因在网络发帖吐槽鸿茅药酒而被认为损害商品声誉罪）。这些案件的相同点都在于，国家对此类行为要予以责难和制裁，对于当事人和一般公众而言，都是缺乏预测可能的。换言之，他们既未意识到自己的行为被法律所禁止，也未预测到实施此类行为会受到行政处罚和刑罚的惩罚。针对此类案件，一般会有以下两种截然不同的意见。

一种意见认为对当事人的行为是否违法的判断，既不依赖于当事人的主观认识，也不同于一般的大众情感，这是具有高度专业性的问题，也因其专业性，即使根据法规范得出的结论与大众认知和情感相悖，也只能证明是大众错了，而非法律和专家错了。

另一种意见则认为，国家惩罚机制的展开应符合一般的大众认知和道德判断，如果某种行为长期由公众公开实施，且为一般人确信和认可，就不能对其予以惩罚，否则就违背了法治原则中的预测可能性原理。根据这一原理，行为人即使实施了符合构成要件的违法行为，只要其根本不具备对行为违法性认识的可能时，就不能对其予以惩戒和非难。因为只有具备了违法性认识的可能时，当事人才有可能产生违法动机，而法律所要惩戒的也正是这种违法动机和主观恶意。据此，如果某项惩罚实在与大众认知和情感相悖，那么应检讨的就不该是当事人是否属于"法盲"，而是惩罚机制本身是不是因为违背预测可能性而实质不正当。

从实质法治角度而言，当然是第二种意见更有益于维护个体尊严和个人自由，而第一种意见则很容易就会使法律蜕变为冰冷的治理工具，也会滋生大量的僵化执法和僵化司法。在实践操作上，第二种意见也为诸多国家所采纳。由此，不仅"不知法不免责"不再被奉为刑罚的圭臬，在行政处罚中，如果存在对法律评价的错误认知，而这种认知又不可避免或难以避免，也同样会作为减轻或不予处罚的事由。上述做法体现的其实是在设定和实施惩罚时，尊重大众的一般认知和普遍情感的立场，这种立场有助于提升惩罚机制的人道，也能避免其泛化。

法律的确有其独特的话语、逻辑、判断和理性。但这些理性绝非完全隔绝在公众朴素的道德情感之外，它应该与一般公众的认知判断和普遍道德相一致，法律惩罚的正当性也正源于公众朴素的道德期待。据此，如果某项行为在一般公众看来并无严重的道德可责性，就不应该轻易启动惩罚机制。相应地，在具体执法时，也不能机械地仅依赖于客观后果就进行简单归责和惩戒，而应全面地考察当事人的主观认知、动机目的等情节，并综合评估其社会危害性，由此来审慎决定是否启动惩罚机制。毕竟，法律并非冰冷的机器，也不只是治理的工具，相反，它应该成为公众一般认知和朴素情感的载体。

知假买假与法律衡平

"农妇卖150份扣肉被判赔5万"的案件引发热议，其原因在于此案是一起职业打假人"知假买假"的案件，而且被打的还是经营手工小作坊的年迈农妇。由此社会上形成了截然不同的两种意见：一种认为职业打假人将矛头对准手工小作坊，毋宁是"拣软柿子捏"的牟利行为，而利用他人错误获取不法利益，既与通常认知和大众朴素情感不符，在法律上也不应被认同；另一种意见则认为我国法律对食品安全领域的违法行为一向打击力度不足，职业打假人知假买假可能主观为私利但客观却为公益，作为"市场清道夫"，他们的行为应予肯定，获得惩罚性赔偿也于法有据。

在面对热点案件时，公众总会投射进自己的倾向甚至困境，而相应的移情也自然会在评价上发挥效用。但法律判断却要有严密的说理和论证。此案涉及的关键问题有三：其一，该土特产店所售卖的食品包装上没有产品名称、生产时间、生产经营者名称、地址和保质期等，这一点的确不符合食品安全法第67条所要求的预包装食品上的食品标识，但其自称是小作坊生产，而且所售卖的扣肉也的确不存在食品安全问题，此时是否还应承担售卖商品价格十倍的惩罚性赔偿责任；其二，据被告的小作坊经营者称，本案的原告张三是一位职业打假人，其第一次仅购买了3份扣肉，在发现食品存在标识瑕疵后又下单购买150份，从此细节来看张三作为职业打假人是知假买假，其是否还有权要求获得惩罚性赔偿；其三，自20世纪90年代王某成为中国"职业打假第一人"后，针对这一特殊群体的争议就从未止息，经过近几十年的市场发展，今天我们又如何来认识和评价职业打假人？

小作坊经营者被判惩罚性赔偿，到底冤不冤？

惩罚性赔偿的法律依据主要在于食品安全法第148条："生产不符合食品安全标准的食品或者经营明知是不符合食品安全标准的食品，消费者除要求赔偿损失外，还可以向生产者或者经营者要求支付价款十倍或者损失三倍的赔偿金。"

据此，生产者或经营者支付十倍赔偿金的前提在于其生产的食品"不符合食品安全标准"。食品安全法第26条所列举的"食品安全标准"事项共八项，其中第（四）项为："对与卫生、营养等食品安全要求有关的标签、标志、说明书的要求。"

食品安全标准是强制性标准，即生产者必须强制适用而非行业参照。食品安全国家标准由国务院卫生行政部门会同国务院食品安全监督管理部门制定发布。食品安全法特意规定了复杂繁冗的食品安全国家标准制定程序，其目的也是借由行政部门、专家、行业协会、消费者代表等多元人群的广泛参与，来尽量提高这一标准的科学性和实用性。但并非所有食品都有国家标准，"对地方特色食品，没有食品安全国家标准的，省、自治区、直辖市人民政府卫生行政部门可以制定并公布食品安全地方标准，报国务院卫生行政部门备案"。在第26条之下还有一个特殊规定是食品安全法第36条："食品生产加工小作坊和食品摊贩等从事食品生产经营活动，应当符合本法规定的与其生产经营规模、条件相适应的食品安全要求，保证所生产经营的食品卫生、无毒、无害，食品安全监督管理部门应当对其加强监督管理。"

从媒体经由天眼查信息中获得的线索可知，被告是2017年注册成立的一家个人独资企业，注册类型为"家庭式食品生产加工小作坊"，制作销售的产品主要包括"扣肉、咸菜、渣海椒、麦酱、风味豆豉等"。其不仅获得《食品经营许可证》和《某市食品生产加工小作坊登记证》，还曾作为个人创业典范登上过当地报纸媒体。如此长的经营时间和媒体认证也从侧面说明，该土特产店的食品安全和质量并无问题，所欠缺的就是售卖的散装商品上没有贴上"与卫生、营养等食品安全要求有关的标签"。

由此，小作坊经营者是否需承担惩罚性赔偿责任的核心就在于，其商品上无标识究竟应适用食品安全法第26条被认定为"不符合食品安全标准"，还是认为食品安全法第36条其实是对"食品生产加工小作坊和食品摊贩"在"符合食品安全标准"上做了差异规定，只要其生产的食品符合"卫生、无毒、无害"的要求就可认为已符合食品安全标准，无标签、标志或说明书只能被认为是无伤大雅的瑕疵？

从对食品安全法的体系解释来看，第二种意见似乎更符合立法原意。法律之所以对这些小作坊在食品安全标准上放低要求，一方面是对那些经营小本生意，销售也往往依赖口耳相传的小作坊持宽容态度，另一方面也是借此实现市场生态的多样和丰富，为消费者提供更多选择。而实践中要求所有的食品加工小作坊和食品摊贩在食品生产经营活动中都符合食品安全法第26条共8项的食品安全标准要求，既不现实，也不符合这类生产者成本低、规模小、收益低的特点。

值得关注的是，本案中小作坊经营者最初因哭诉视频而获得公众广泛同情，但之后的舆论又发生极速反转。因为又有人发现，据对当地媒体报道，该小作坊"传统产品2019年的年产量就已达30吨，年销售10余吨50余万元"。在获知小作坊经营者可能并不是"完美受害者"后，又有人指责其哭诉是卖惨博同情，并主张法律责任应该一视同仁，不能因违法者是个体还是大公司而有所区别。

处境悲惨、利润微薄的确不是抗辩法律责任承担的正当事由，但因其并非公众想象中利润微薄的小作坊，就要求其承担和大企业一样的注意义务，同样也不妥当。无论该小作坊是否如媒体所言是年获利50万元的颇具规模的食品加工企业，甚至如宣传所言"拥有百余人的微商团队"，其在当地市场监督管理局处注册的都是某市食品生产加工小作坊登记证，这也说明其仍旧应适用食品安全法第36条的特别规定。"卖惨"是否真实可能会左右一般公众的情感，却并非决定责任承担的关键。

另外要注意的是，食品安全法第148条的语词表述是"消费者除要求赔偿损失外，还可以向生产者或者经营者要求支付价款十倍或者损失三倍的赔偿金",并非"有权要求支付"。法律之所在此用"可以"而非"有权",其原因就在于惩罚性赔偿的性质已经属于惩戒,其与由行政机关发动的行政处罚的差异仅在于它是由私人发起的,本质上近似于"私人行使公器",也因此法院是否可要求食品生产者承担惩罚性赔偿责任,还要考虑其行为的违法程度和社会危害性以及行为人的主观恶意。

从食品安全法"法律责任"一章的规定来看,"生产经营无标签的预包装食品"被列为严重违法、较严重违法之后的第三类违法情形,"货值金额不足一万元的",法律规定的罚款额度是"五千元以上五万元以下";"货值金额一万元以上的,并处货值金额五倍以上十倍以下罚款"。从此评价来看,即使是食品安全法也认为此种情形的社会危害性并非特别严重。此时再要求其承担销售价款十倍的惩罚性赔偿似乎也难与"过罚相当"原则相称。

此外,为避免惩罚性赔偿过度泛化,2021年食品安全法在对此条进行修改时,也在第二款消费者可要求惩罚性赔偿之后,增加"但是,食品的标签、说明书存在不影响食品安全且不会对消费者造成误导的瑕疵的除外"。这同样说明,惩罚性赔偿并非在任何个案中都会获得普遍性认可,如果经营者的瑕疵只是在食品标签或说明书上,而这些瑕疵并不会影响食品安全也不会对消费者造成误导,这项赔偿请求权同样不会获得法律支持。这一但书条款显然是本案经营者得以脱责的最重要法律依据。

再回到本案另有个细节也需要注意,该小作坊是2017年注册,其间还曾接受当地媒体采访报道,但市场监管部门却从未在例行检查中提示其应符合食品安全法第26条的规定,这其实也已经让这家家庭作坊确认自己的生产经营销售行为并无违法问题。这种信赖在评价小作坊经营者是否具备违法的主观要件时同样需要考虑。

知假买假，到底该不该获得惩罚性赔偿？

食品安全法规定可以要求惩罚性赔偿的主体是"消费者"。因此职业打假人是否能获得惩罚性赔偿的第一步是其是否可被评价为"消费者"。但这在法律解释上并不困难。只要存在特定的商品交易行为，职业打假人的身份也不会影响其被作为食品安全法中的消费者。

接下来的问题就是"知假买假"是否有权要求索赔。学理上一般认为，只有"不知假"而买假才能基于经营者的欺诈主张惩罚性赔偿，如果是知假买假就不存在"欺诈"要件。但这一认知已被《最高人民法院关于审理食品药品纠纷案件适用法律若干问题的规定》（2021年修订）破除。

在该规定第3条规定："因食品、药品质量问题发生纠纷，购买者向生产者、销售者主张权利，生产者、销售者以购买者明知食品、药品存在质量问题而仍然购买为由进行抗辩的，人民法院不予支持。"这就说明，即使是知假买假同样有权向生产者和销售者索赔。但此处的"主张权利"除赔偿损失外，是否还可以要求销售价款10倍的惩罚性赔偿，仍旧存有争议。在最高人民法院2014年发布的第六批指导性案例中，确有一个案例是消费者在南京某超市购买香肠，发现其中14包已经过期。其到收银台结账后，径直到服务台索赔未果后起诉。

在这起案件中，法院判决认为："消费者购买到不符合食品安全标准的食品，要求销售者或者生产者依照食品安全法规定支付价款十倍赔偿金或者依照法律规定的其他赔偿标准赔偿的，不论其购买时是否明知食品不符合安全标准，法院都应予支持。"这也说明，很多地方法院明确支持知假买假也能够获得惩罚性赔偿。

但在具体操作上很多地方仍旧对知假买假请求惩罚性赔偿做了相应限制。

例如，《江苏省高级人民法院关于审理消费者权益保护纠纷案件若干问题的讨论纪要》就指出，对于食品以外的普通消费领域，惩罚性赔偿的构成要件是经营者提供商品或者服务有欺诈行为。而对于食品、药品消费领域，购买者明知商品存在质量问题仍然购买的，其主张惩罚性赔偿的，人民法院予以支持，但自然人、法人或其他组织以牟利为目的购买的除外。据此，在食品、药品领域，知假买假完全可主张惩罚性赔偿，但以牟利为目的购买的除外。

而福建省工商局关于省十三届人大一次会议第1338号建议的答复则主张区分"职业打假人"和"职业索赔人"。前者的目的是维护消费者利益，打击假冒伪劣产品；后者则以个人牟利为目的，虽然表面从事打假活动，实质上却利用非常手段篡改、伪造、捏造事实，对消费者进行敲诈勒索。

从这两个典型规定来看，法律似乎对于完全以牟利为目的，甚至主观上存有敲诈恶意的索赔请求并不予支持。地方法院和行政机关之所以做出这种排除规定，一方面是基于民法中诚实守信和善良风俗等基本原则的要求；另一方面也因为实践中，惩罚性赔偿的巨大利益驱使，很多职业打假人开始假打、乱打，甚至不惜通过栽赃等违法行为对商家进行敲诈勒索。因此对知假买假请求惩罚性赔偿予以合理限制，同样在于杜绝此种不当获利的滋生。

再说回本案，还会发现一个争议细节。据被告称，原告张三先后购买了两次毛妈妈自制食品，分别是3份和150份。对于家庭手工作坊而言，一次性购买150份已经属于"大单"。从一般理性人角度出发，如张三的目的是维护消费者利益和市场秩序，那么他在购买第一单发现存在食品标识瑕疵后就应该立即主张赔偿，但其又进行了第二次购买，此次数额更大，远超出一般消费者针对手工作坊产品的购买数量，这里似乎很难排除人们对其第二次购买纯属牟利的合理怀疑。这一点可以作为质疑张三主张惩罚性赔偿是否正当的合理理由。正是意识到这一点，张三在新闻媒体上不断澄清，自己绝非"钓鱼打假"，他只买过150份那一次。

从以上列举的规定和案例来看，即使《最高人民法院关于审理食品药品纠纷案件适用法律若干问题的规定》肯定知假买假可以要求惩罚性赔偿，但职业打假人是否能适用此条，法院还是应在个案中酌情考量。而职业打假人的主观恶意、牟利目的等也都可以成为阻却其获得惩罚性赔偿的理由。

如何看待职业打假人？

这起案件之所以引发争议，还在于它再次引发人们对于职业打假人这个群体的关注。对于这个群体，公众的评价一直以来都是毁誉参半。

支持者认为，普通消费者的维权成本太高，消费者协会等组织又较难发挥作用，那些看似"刺头"的职业打假人反而发挥了维护市场秩序的有益作用，他们的存在其实是政府监管力有不逮时的补充，因此，即使其主观是为个人私利，法律对其行为不仅应予宽容更应予以支持。

反对者认为，职业打假人这个群体组成良莠不齐，很多人因为利益驱使都将打假之手伸向违法程度轻微的小商贩和小作坊，其本质就是利用他人错误来获利，这一点不仅在道德上应予谴责，法律上也不应予以鼓励。

任何事物都有正反两面，对于职业打假人可能也无法进行单一的评价。毁誉参半的背后反映的又是法律惩戒不力，市场监管相对滞后，行业组织缺位，个人维权困难等诸多现实问题。市场秩序的净化并不能仅依赖于职业打假人，而是需要更细致的立法、更有效的行政监管以及更顺畅的个人维权渠道。当我们把视线从职业打假人身上转移至这些背景和问题时，在个案判断上才可能不掺杂更多的情感投射。

面包店被罚到底冤不冤

　　某知名面包店因为疫情封控期间生产许可证核准的经营场所被关闭,部分员工到培训中心过渡。为了满足附近社区居民对物资供应的需求,企业短暂从事糕点生产经营。2022年8月12日,某市市场监督管理局以该面包店未经许可从事食品生产经营活动为由,做出没收全部违法所得、违法工具,并处58.8万元的行政处罚。此消息一出即引起全网热议,很多市民甚至通过购买予以应援。撇开公众朴素的情感因素,面包店被罚到底冤不冤,执法者做出这一行政处罚又是否合法适当,还需从法理角度分析。

面包店被罚到底冤不冤?

　　据某市市场监管总局的处罚决定书认定,该面包店被处罚的直接原因是其未经许可从事食品生产经营活动,因此违反了食品安全法第35条:"国家对食品生产经营实行许可制度,从事食品生产、食品销售、餐饮服务,应当依法取得许可。"但该面包店作为一家知名食品生产企业，不可能不具备食品生产经营许可证，此次却因"无证生产"而被处罚，其更直接违反的是处罚决定书中并未提及的国家市场监管总局于2020年发布的《食品生产许可管理办法》。该办法第32条规定："食品生产者的生产场所迁址的，应当重新申请食品生产许可。"如果食品生产者的生产场所迁址后未重新申请食品生产许可从事食品生产活动，应由市场监管部门根据食品安全法第122条予以处罚，由此才有了上文所提及的处罚。

办法之所以规定"食品生产者的生产场所迁址的，应当重新申请食品生产许可"的原因主要在于，食品生产监管以及食品经营许可证的核准颁发都是为了食品安全与质量，而在制定此办法的国家市场监管总局看来，生产场所对于食品安全与质量至关重要，具有绝对性影响，因此更换场所后就必须重新申请许可。如此考虑也并非毫无道理。

据此，从形式来看，当地市场监督局做出上述处罚并无问题。该面包店在疫情封控期间的生产行为的确不是在原来的生产许可证核准的场所，在临时更换至培训中心生产后，该面包店也未及时重新申请食品生产许可，而市场监管部门做出的58.8万元处罚，也是在食品安全法第122条所规定的"货值金额一万元以上的，并处货值金额十倍以上二十倍以下罚款"的幅度范围内，食品监管局在此选择的甚至还是最低额度的处罚。

综上，从事实认定和适用法律来看，上海市市场监管局做出的处罚似乎并无可指摘。

为何公众会普遍为面包店抱屈?

尽管在形式上无可指摘,但为何此处罚与公众的一般认知存在出入,以至公众会普遍为该面包店抱屈?此处首先涉及的是行政处罚的综合判断问题。就如我们在法律上判断某人的行为是否构成犯罪时,会诉诸一种体系化的犯罪论一样,对相对人是否应予行政处罚的判定,也不只是对具体法领域中具体规范的简单适用,即执法者在此需参酌的并不仅是食品安全法,还有作为行政处罚总则性规定的行政处罚法,以及行政处罚的一般原理和要求。

根据行政处罚法的规定和行政处罚的一般原理,行政机关对当事人做出行政处罚,除该当事人的行为满足具体法规范所规定的要件(在本案中即食品安全法第35条、第112条,以及《食品生产许可管理办法》第32条、第53条所规定的要件)外,至少还应满足另外两个条件:违法性和可责性。

法律在此处所言的"违法性",并非指当事人的行为形式上是否属于违法,而是说其是否存在诸如正当防卫、紧急避险等违法阻却事由,即其实质上是否具有真正的违法性,刑法上的很多案件也因为存在违法阻却事由而被免责;而"有责性"则指当事人在主观上存在实施违法行为的过错,例如故意或过失。此外,即使行为形式上的确违法,行政处罚法仍旧规定了为数不少的免责事由。而面包店被处罚到底冤不冤,又可从这些方面再行分析。

其一,不可抗力和紧急避险可成为该面包店被罚的免责事由。即使我们从形式上认定该面包店在更换生产场所未获得新的许可即生产销售属于违法,那么其同样存在不可抗力和紧急避险的免责事由。第一，该面包店的生产经营活动发生在上海疫情最严重的时期，其被核准生产的场所已因疫情防控而关闭，其将员工安置于另一场所进行生产属于迫不得已。此时要求其按照《食品生产许可管理办法》的规定在更换生产场所后再去申请新的许可，亦属强人所难，这些都在法律上可被归于可阻却违法性的不可抗力；第二，据媒体报道，该面包店在此期间生产面包本来是员工自用，为了满足社区居民的紧迫需求才对外营业，因此，其"无证生产经营"的行为本质为避免他人权利免受正在进行的危险，是在承担企业的社会救助义务时，这同样符合法律上"紧急避险"的要件。还有意见认为该面包店销售的是面包甜点，其供应于周边社区居民是满足其食物多样性而非必要性需求，因此不能被归入紧急避险，但正如早餐的标配究竟应是油条豆浆还是面包牛奶一样，这种质疑无疑对个人生活需求进行了极其僵化刻板的思考和处置。

其二，"无危害后果不罚"是行政处罚的一般要求。无论是刑罚还是行政处罚都要求行为人的行为必须造成了现实的危害后果或者至少导致了紧迫危险，如果仅因行为人做了某种行为而完全不顾是否产生危害后果就处罚，无疑会造成惩罚权的滥用和对行为人的主观归责。刑法普遍反对"行为无价值"就是这个道理。这一点同样规定于行政处罚法第33条："违法行为轻微并及时改正，没有造成危害后果的，不予行政处罚。"从媒体报道来看，尽管面包店更换了生产场所，但其在那段时期生产销售的面包却未曝出任何食品安全和质量问题，市场监管部门至今也未接到有关该面包店当时生产糕点行为的消费投诉。而面包店自己也证明，其在这段时间的生产过程均按要求对套餐所涉及的原辅料进行了进货查验，能提供相应的索证索票及生产工艺流程材料。"无危害后果不罚"同样可成为免责事由。

其三，不符处罚目的、没有处罚必要同样可以成为免责事由。与刑罚一样，行政处罚的目的同样兼具惩罚与预防。惩罚是对违法人的惩戒，而预防又可区分为一般预防与特别预防，前者是通过惩罚相对人警示他人不为同样行为，而后者则是通过惩罚使具体的违法人丧失再犯的可能。从行政处罚的一般原理而言，如果在具体个案中看不出有惩罚和预防的特别需要，也就同样没有处罚的必要。从惩罚角度而言，该面包店为社区居民提供帮助，行为形式上存有瑕疵，但实在看不出有对其予以负面评价甚至法律惩戒的必要；再从预防角度而言，该面包店的"异地生产"也不具有可复制性。市场监管部门大可不必担忧会引发其他食品生产者效仿。既然没有惩罚和预防的必要，也就没有处罚的必要和实益。

其四，公众认为《食品生产许可管理办法》规定"生产场所迁址的"，均需"重新申请食品生产许可"有增设许可之嫌。如上文所述，办法如此规定的原因主要在于，国家市场监管总局认为生产场所对于确保食品安全至关重要，因此更换地址就必须重新申请许可。这一判断在一般情况下似无问题，但却并不绝对。如果生产场所对食品安全有绝对影响，例如，"鲜牛奶""罐头"等需要无菌环境，此时地址的变动就当然需要行政机关重新审核；但如果地址变更与食品安全并无绝对关联，就不应僵化地要求只要变动地址就必须重新申请许可，变更许可或是事后补正都可以是更便利的选择。从这个意义上说，国家市场监管总局的办法在对食品安全法进行具体细化时，也同样有违背行政许可法规定的，"法规、规章对实施上位法设定的行政许可作出的具体规定，不得增设行政许可；对行政许可条件作出的具体规定，不得增设违反上位法的其他条件"，办法绝对地要求只要更换地址就必须重新申请许可的做法，更是有增设许可之嫌。

行政处罚考验执法者的理性判断和人文关怀

面对舆论的质疑，上海市市场监督管理局积极回应，核心意思是处罚没有问题，相对人可在规定期限内复议或诉讼，自己也愿意接受法定途径监督。监管部门大概也觉得很冤枉，毕竟法律规定其必须执行，而且已经在法律规定的处罚幅度中选择了最低档位的处罚。但这个案件之所以引发公众热议和舆情喧嚣，背后隐含的其实是严格执法与理性执法、形式法治与实质正义之间的张力与冲突。市场监管局无疑做到了严格执法，其处罚形式上看起来也并无问题，但引发公众质疑的背后原因是其只顾及了形式合法，而未考虑法律执行背后的实质正义。

《周易》有云："观乎天文而察时变，观乎人文而化天下"。如果执法者只是机械地执行法律，没有理性判断，也无人文关怀，那就很容易导致"形式合法，实质不合法"的情况发生。这种与公众朴素法感互相背离的处罚案件频发，又会对行政机关的执法权威产生破坏性作用，甚至引发公众有关其是"秋后算账"或是"有意报复"的无端揣测。因此，执法机关或可吸取如下教训。

第一，执法者应当全面、理性、科学地适用和解释法律。我们常说，执行法律和适用法律都不是自动售货机的简单操作，对于法律的解释要综合考虑各种因素，运用各种方法，比如目的解释法、历史解释法、价值解释法等，从而得出尽可能符合实质正义的结论。简单地理解法律很容易陷入"专断"和"教条主义"，进而得出与公众法感背离的结论。

第二，执法者应当理性执法与严格执法并重。严格执法无可厚非，但不等同机械执法，还应做理性执法。法律不能强人所难，执法人应顾及普通人的一般认知，顾及社会影响。具体到此案，如果执法者能够对该面包店抱以更大的尊重、同情与理解，如果能更多考虑当时特殊的背景，或许就会得出不同的结论。

第三，执法者应当尊重大众的朴素法感。在本案曝出后，网上就有评论说："为众人抱薪者，不可使其冻毙于风雪；为自由开道者，不可令其困厄于荆棘。"当经营者为了更好地提供服务，甘愿冒着风险进行生产，某种程度上已体现出企业的社会责任和担当。这种精神即使不嘉许赞颂，也大可不必予以惩戒。如果处罚的最终结果是使抱薪者寒心，使开道者困顿，那么在未来出现各种突发事件时，又有哪些企业敢于站出来承担社会责任呢？

因为尚在行政复议和行政诉讼期限内，面包店被罚案未来是否可能被推翻，处罚决定是否可能被撤销还不可知。但本案引发的回响却不容执法者忽视。法律的确有其独特的规范和判断，但却不能完全隔绝在公众朴素的道德情感之外，它应当与一般公众的认知判断和普遍道德相一致，法律惩罚的正当性也源于公众朴素的道德期待。据此，如果某项行为在一般公众看来并无严重的道德苛责性，行政机关启动惩罚机制，就应该慎之又慎。

一捆甘蔗敲响的警钟：市容执法与公务外包

一位老人推车在街头售卖甘蔗，一群身着黑制服的市容执法员突然围堵住他，并强行收走其甘蔗。原来，这群黑衣人是负责该区域市容执法的某公司的工作人员。即使知道是在执法，但二十多个男子对付一个七旬老者，画面的压迫感已经直击人的心理底线，再加上老者悲怆的恸哭声，不由得让人心生执法暴戾、民生维艰的愤懑与感慨。这个案子涉及的法律争点不难，但案件却像凸视镜一样汇集行政执法中的程序正当、手段选择、文明执法、公务外包等诸多问题，并将这些问题借由画面的压迫感和老者的恸哭声而无限放大。

抢夺甘蔗属于什么行为？

老人未在固定场所经营而是沿街流动且占道售卖，这一点的确不符合相关的市容管理规定。但即使相对人违法，行政机关执法时也应谨守法治界限，注意手段和目的之间的合比例性和均衡

40

性，这一原则已成为现代行政的"帝王法则"。对违法的相对人也要维护其权利和尊严，这一要求所要克服的，正是"违法必究，执法必严"这种传统执法理念隐含的严苛执法趋向，以及对个体人格尊严的漠视。

同样是为了确保执法更亲民和人性化，无论是行政处罚法和行政强制法在强调"设定和实施行政处罚必须与违法行为的事实、性质情节以及社会危害程度相当"，"采用非强制手段可以达到行政管理目的的，不得设定和实施行政强制"之余，又都规定了繁复细密的处罚和强制程序。这些程序规定的目的不单是确保实体决定的正当合法，也是彰显法治国家对个人权利和个人主体性的尊重，以及对"个人仅是国家权力作用客体"这种传统认知的反对。

本案中黑衣人抢夺甘蔗，很多观者认为是执法机关对老人违法经营施以的"没收非法财物"处罚；某公司回应说是执法时为制止违法行为而采取暂时性扣押财物的强制措施。因为案件细节不清，执法究竟处于何种阶段认识不一，上述答案也都合理。

但无论将抢夺甘蔗定性为行政处罚还是强制措施，其实施程序都是明显违法的。

若定性为行政处罚，即使是当场处罚，执法人员也要履行出示证件、说明理由、告知权利、填写并交付处罚决定书的程序步骤，而且当场处罚的类型仅限于罚款、警告，并不包含"没收非法所得"；若定性为强制措施，法律也有实施前向机关负责人报告并经其批准、实施时应出示证件、告知权利、听取申辩、制作笔录等程序规定。当街围堵、直接抢夺显然与上述法治要求相去甚远。

城市是否美好宜居取决于个人是否被尊重

行政法中常讲"不要用大炮来打小鸟"，其寓意就在于强调公共治理并非只要能达到目的，手段选择就可在所不问。相反，手段是否均衡适当，是否对当事人的权利造成了过度侵害和过度负担，都会成为评判一项行政决定是否合法的基准。

多个男子围堵一个老人进行"市容执法"，恐怕是"用大炮轰打小鸟"的最好注脚，其对比例原则的悖反已无须再进行任何法律论证。其违法情节有多明显，造成的恶劣影响就有多严重。这种影响不仅限于一项处罚决定或是强制措施的违法，还有观看和转发这一视频的公众对公权机关可信任性、可接受性的丧失。视频被大量转发后，一位法律界人士评价"20多个年轻力壮的执法人员当街抢夺一个老人的甘蔗，所有的执法制度在此遁于无形，此时该哭的不只是这个老汉"，可谓直击要害。

此次事件与此前大量发生于城管执法领域的案件一样，其目的都是为了市容治理。防范"占道经营、出店经营、流动摊点""监管临时性商业活动"，杜绝"城市乱涂乱画、乱扔杂物、乱倒渣土和乱贴广告"，由此来构建更美观的城市外貌和更有序的都市生活，是现代都市治理的惯常手段。但因为急于求成而不顾个体的生存需求，市容执法也往往沦为行政执法违法的"重灾区"。

事件发生后，有沿街商户反映，此类堵截并抢夺摊位的行为并不少见，距事件发生地点不过五百米的地方，当天上午已经发生过另一起抢荔枝事件。细致想来，城市治理者在此似乎总是存在着本末倒置的思考误区。一个城市是否美好宜居，的确会取决于街道是否干净整洁，商铺经营是否合规有序，但生活在其中的每个人是否能真切地感受到被尊重、被照顾恐怕才是关键。粗暴禁绝所有小摊小贩，无疑是切断了很多依赖小本生意维持生计的普通人对于城市的情感归属。也正是为了纠偏过度追求市容治理、忽视个人生存需要的治理流弊，2020年5月，中央文明办已经明确表示在全国文明城市测评指标中，不再将占道经营、马路市场、流动商贩列为文明城市测评考核内容。

公务外包及其法律规范

本案的另一问题在于，参与执法的多名黑衣男子并非正规的行政执法人员，而只是当地市容服务外包公司的工作人员。又根据行政处罚法和行政强制法的规定，行政处罚和行政强制措施均应由行政机关具备资格的执法人员实施，其他人员不得实施。这一点构成了该执法违法的另一事由。执法人员不具备资质资格，甚至不具备行政执法的必要常识，也被认为是造成此次暴力执法的核心原因。

将公务活动外包给社会组织来完成在现代行政管理中已很常见。本案中，涉事的某公司自2017年起就已通过招投标方式，与当地政府部门缔结了市容管理和管控的外包合作。其承揽的外包项目包括：服务管理外包区域范围内的跨门店营业，监管乱设摊、乱堆物、乱晾晒、乱挂靠、乱设亭棚、乱张贴黑色广告，以及在商铺或单位签订责任认定书后，对其予以督察等涉及市容环境卫生的日常管理工作。而老人推甘蔗售卖行为，则被归入"园区市容秩序维持"的事项中。

公务活动外包或者说政府购买服务，是国家机关将属于自身职责范围且适合通过市场化方式提供的服务事项，按照政府采购方式和程序，交由符合条件的服务供应商承担，并根据服务数量和质量等因素向其支付费用。公务外包的目的是借助社会力量来提升行政效率、纾解财政压力、改善公共服务供给，亦使国家摆脱繁重的任务负累。从既往实践来看，公务外包的确体现出上述优势，这也是此种方式在行政实践中获得广泛推广的重要原因。但伴随时间推移，这种广受褒奖的方式又不断暴露出"行政任务不履行"或"不良履行"的弊端。外包公司暴力执法可说是不良履行的集中体现，不良履行甚至在此恶化为违法履行。

既然兼具优势和危险，公务外包就应谨慎处理，并应有法律规范。财政部为规范政府购买服务，已于2020年公布实施《政府购买服务管理办法》。该办法的首要目的在于划定公务外包的范围。一般认为，并非所有的公务都适宜交由社会组织处理，国家也无权通过将所有的公务活动外包来摆脱公务责任。也因此，某项公务外包是否具有法律允许性，就成为检视其是否合法正当的首要基准。

《政府购买服务管理办法》第2条申明，公务外包的事项应限于属于国家机关职责范围内，"适合通过市场化方式提供"，且社会力量能够承担的服务事项。从此前发布的政府购买服务管理办法暂行指南来看，通常列入政府购买服务目录的事项又包括：公共教育、劳动就业、人才服务等基本公共服务事项，社区建设、社会组织建设与管理、扶贫济困等社会管理性服务事项，行业职业资格和水平测试管理、行业规范等行业管理与协调性服务事项，科研和技术推广、行业规划等技术性服务事项，以及法律服务、课题研究、政策调研草拟论证等政府履职所需的辅助性事项。从指南中所列的事项来看，上述事项基本都是政府事务范畴内的服务性事项，这些事项一般不会直接产生限权或干预效果，借助社会力量通过市场化方式完成，反而会有效利用民间的技术、资本和管理优势。

除允许性事项外，为防止政府随意逃避责任，管理办法还列举了公务外包的禁区，即不允许政府向社会购买服务的事项，其中就包含"应当由政府直接履职的事项"。属于此类范畴的首先就是以物理性强制和惩戒为后盾的行政高权措施，典型的正是行政处罚和行政强制。这类行为会直接产生减损当事人权益或增加其义务的效果，也因此法律对其设定、实施、程序等事项均进行了缜密规定，其目的就在于经由严格规范，来防堵这些干预类和侵益类行为的不当行使可能对当事人造成的损害。上述领域属于国家保留的任务领域，并不能委以私人以市场化方式进行，并由此来逃脱公法制约，这一点同样可以从行政处罚法和行政强制法中获得证明。行政处罚法和行政强制法均规定，行政处罚只能由具有行政处罚权的行政机关或法律、法规授权的具体管理公共事务职能的组织，在其职权或授权范围内实施。尽管行政处罚法规定了例外的委托，但受委托组织必须是依法成立并具有公共事务职能的组织，而行政强制法则干脆排除了强制措施委托的可能。

本案中的公务外包合法吗?

其实在某公司与当地镇政府签署的外包协议中也同样规定,某公司受包履行"园区市容秩序维续"职能时,其权限仅限于"对园区市容环境进行日常巡查,及时发现秩序混乱、占道经营、乱设摊、跨门营业等行为,对违法违规行为进行劝阻,督促当事人进行整改"。协议规定说明,获得公务外包权的某公司并不拥有强制性、命令性的行政处罚或是强制措施权,其对违法违规的行为人只能进行"劝阻"或"督促其整改",而不能直接予以处罚或强制。

案件曝光后,沿街商铺反映,某公司逾越外包协议范围,通过强制性方式执法的行为此前就已发生。公务外包尽管展现了诸多优势,但同样暗藏不良履行的危险。也因此,法律允许政府可将部分职能外包,但政府却不能因为公务外包、任务转移而彻底摆脱公法责任。公务外包带来的只能是国家责任形式的改变,即从直接履行演变成担保任务履行的担保责任,而并非国家责任的从有到无。

为确保私人主体在承接公务后良好履行,政府在购买服务过程中负担的担保责任,包括遵循预算约束事项、谨慎择定公务外包事项,并通过公开透明的程序择优选择公务的承接主体。而且根据管理办法,在购买服务的整体过程中,作为发包方的政府还须全程实施购买服务项目绩效管理,开展事前绩效评估,并定期对所购服务实施情况开展绩效评价。对于购买服务合同的履行,政府也须通过"加强政府购买服务项目履约管理,开展绩效执行监控，及时掌握项目实施进度和绩效目标实现情况"等方式，督促惩戒主体严格履行合同，由此确保私人提供公共服务的品质和水准，也防堵其随意逾越外包协议的权限范围。从这个意义上说，本案的发生也为那些将政府职能不加区分地任意外包，在外包后又不再承担监督责任的怠惰政府起到警示作用。

本案的另一背景还在于行政处罚权的下沉。行政处罚法例外允许"省、自治区、直辖市根据当地实际情况，可以决定将基层管理迫切需要的县级人民政府部门的行政处罚权交由能够有效承接的乡镇人民政府、街道办事处行使"。处罚权下沉是为了提高基层行政职能的履行效能，避免基层机关因执法手段的匮乏而导致的执法梗阻。但处罚权下沉后，所带来的挑战却不容忽视。

从背景资料来看，某公司是与当地镇政府缔结了公务外包协议，而当地镇政府又是将原属该镇城管中队的市容管理职权外包给社会组织。从整个链条的反馈结果看，首先是承接了行政处罚权的镇政府并不具有相应的执法能力，尤其是没有充足的具备资格的执法人员；而其将执法事项违法外包后，承接外包事务的社会组织及其成员同样不具备相应资质能力，由此才最终导致事件的发生。也因此，这一事件除提示政府应严守公务外包范围，积极履行监管责任外，同样再次警示上级政府关注处罚权下沉后，对乡镇政府以及街道办事处的约束和规范，不致使法治要求因处罚权的下移而彻底松散，使原本由法律严格规范的执法活动最终演变为一场执法闹剧。

法治就是守护每个面对高墙的个体

据媒体报道，案件发生后，当地政府除对负有管理职责的人员追责外，还终止了与某公司的合作。政府也向老人登门道歉并送还了没收的甘蔗。但在不断回看视频时，我仍旧会想起日本作家村上春树在耶路撒冷奖的获奖致辞中，提到的那个著名的"高墙与鸡蛋"的隐喻："假如这里有坚固的高墙和撞墙破碎的鸡蛋，我总是站在鸡蛋一边。这句话总是在我脑袋里挥之不去。它并非写在纸上贴在墙壁，而是刻于我的脑壁。是的，无论高墙多么正确，而鸡蛋又多么错误，我还是选择站在鸡蛋一边。"

这个隐喻简单明了地剖白了个人面对体制的无力与处境，也时刻警醒我们，那些本应保护个人的体制，很容易就会走向冷酷严苛并吞噬个体的反面。文学家的反抗是借由故事的书写把光打在每个个体的灵魂和尊严之上，使之浮于体制之上；而法律虽然借助的不是虚构的故事，但同样要诉诸严密的规范网罗将公权机关约束在法治的框架之下，由此才能护住每个个体的尊严，使之不会在面对高如城墙的体制力量时只能发出悲怆的恸哭。

权力的边界

约嫖未嫖可以定嫖娼吗

某省的大学生翟某出于好奇，通过某社交软件与一名性工作者相约，但在见面后，因为该女性和照片差距过大而拒绝与其发生关系。两个月后，他接到公安机关电话，告知其涉嫌嫖娼，并最终对其予以拘留5日的行政处罚。翟某不服，认为自己已主动拒绝和性工作者发生关系，根本未实施嫖娼行为，不应予以处罚。但在申请复议后，该处罚决定仍旧被复议机关维持。公安机关给出的理由是，与翟某相约的性工作者王某此前因卖淫被抓，其供述曾与翟某在微信上谈妥性交易的价钱为400元。

实践中，此类案件并不少见，也经常引发争议——嫖客和卖淫女只是商议好价格，但最终因各种原因并未实施性行为，还可以定卖淫嫖娼吗？

约嫖未嫖可定嫖娼的法律依据

治安管理处罚法对卖淫嫖娼规定于第66条，"卖淫、嫖娼的，处十日以上十五日以下拘留，可以并处五千元以下罚款；情节较轻的，处五日以下拘留或者五百元以下罚款。在公共场所拉客招嫖的，处五日以下拘留或者五百元以下罚款"。

不同于某些国家将性交易合法化，卖淫嫖娼在新中国成立后就被列入违法行为予以禁止。不仅此前的治安管理处罚条例（1987年施行）和现在的治安管理处罚法（2005年施行）都明确规定要对卖淫嫖娼予以治安处罚，1991年全国人大常委会还专门通过关于严禁卖淫嫖娼的决定，规定"对卖淫、嫖娼的，可以由公安机关会同有关部门强制集中进行法律、道德教育和生产劳动，使之改掉恶习，期限为六个月至二年。具体办法由国务院规定；因卖淫、嫖娼被公安机关处理后又卖淫、嫖娼的，实行劳动教养，并由公安机关处五千元以下罚款。对卖淫、嫖娼的，一律强制进行性病检查。对患有性病的，进行强制治疗"。但在2019年，因相关的收容教育法律规定和制度已被废止，本条中的"收容教育和强制检查与治疗"也相继被全国人大常委会废止。

卖淫嫖娼被列入属于违法行为，一方面因为此类行为的确有伤风化也有违公德，而我国刑法和治安管理处罚法又都承担着一定道德教化的功能；另一方面同样基于公共卫生和公众健康的考虑，这也是全国人大常委会此前规定此类违法行为人必须接受强制检查和治疗的原因。

卖淫嫖娼虽然可大致被界定为以金钱或财物交易为对价，一方向另一方提供性服务的行为，但具体边界在行政执法中却又总存有模糊之处。

为澄清其概念，2001年公安部作出的《关于同性之间以钱财为媒介的性行为定性处理问题的批复》规定，卖淫嫖娼中"性行为"还包括口淫和手淫，而且同样会发生于同性之间，即只要是以金钱或财物给付为代价，由交易一方向另一方提供性服务，无论具体行为采取何种方式，都不影响对卖淫嫖娼的认定。这一批复可说将卖淫嫖娼中的性行为由传统认知中的生殖器插入又扩张到口淫、手淫和鸡奸等。

2003年公安部针对山东省公安厅的请示又作出《关于以钱财为媒介尚未发生性行为或者发生性行为尚未给付钱财如何定性问题的批复》。该批复尤其指明，"卖淫嫖娼是指不特定的异性之间或同性之间以金钱、财物为媒介发生性关系的行为。行为主体之间主观上已经就卖淫嫖娼达成一致，已经谈好价格或者已经给付金钱、财物，并且已经着手实施，但由于其本人主观意志以外的原因，尚未发生性关系的；或者已经发生性关系的，但尚未给付金钱、财物的，都可以按卖淫嫖娼行为依法处理"。由此来看，只要是已经谈拢价格，即使未实施性行为，或者已经实施了性行为，但尚未给付金钱、财物，都不会影响卖淫嫖娼的行为认定。

也是在2003年的批复发布后，实践中出现大量谈拢价格后等待嫖娼或是中止嫖娼就被定性为嫖娼的案例，只要公安机关发现交易双方已议定好价格，无论是否已实施嫖娼行为，都会对行为人予以行政拘留的处罚。

2003年的批复之所以做上述规定，其背后原因又在于：治安管理处罚在我国大体相当于轻罪，因此在责任认定上基本和刑法遵循同样的原理。

刑法认为，故意犯罪是一个持续的过程，由相互连接的预备阶段与实行阶段组成。虽然从严格意义而言，只有犯罪既遂才符合犯罪构成，但犯罪预备、犯罪中止和犯罪未遂又都属于刑法中"修正的犯罪构成"，即属于犯罪的特殊样态。

其中，"犯罪预备"是为了犯罪，准备工具、制造条件，但由于行为人意志以外的原因未能着手实施犯罪的特殊形态；"犯罪中止"是指无论在犯罪预备阶段还是在犯罪实行阶段，行为人自动放弃犯罪行为，或者自动不着手实行犯罪的；"犯罪未遂"是已经实施犯罪，由于行为人意志以外的原因而未得逞的，是犯罪未遂。

由此类比，谈拢价钱而等待嫖娼大体相当于典型的犯罪预备；约嫖后又因各种事由主动放弃嫖娼属于犯罪中止；而在等待嫖娼过程中就因被公安机关抓获属于犯罪未遂。

我国刑法总则规定，对犯罪预备、犯罪中止和未遂原则上都要惩罚，由此来看，2003年的批复规定无论是已谈好价格但未发生性关系，还是发生性关系尚未给付金钱，都要按卖淫嫖娼处理，显然也是参考了刑法的规定。

扩大定性与惩罚的问题

值得注意的是，这一规定扩大了卖淫嫖娼的打击范围，却也因此引发诸多执法问题。典型的就如，行政处罚法第40条规定，"公民、法人或者其他组织违反行政管理秩序的行为，依法应当给予行政处罚的，行政机关必须查明事实；违法事实不清、证据不足的，不得给予行政处罚"。但因有批复的规定，公安机关只要从卖淫女处确认，双方已就嫖娼谈拢价格就可以不用再收集其他证据而直接处罚行为人；更有甚者，只要行为人有过询价行为，甚至有证据证明其出入过嫖娼地点，也会被认定为存在嫖娼行为。

在2019年湖北省高级人民法院作出的一份再审裁定[1]中，相对人就提出，被告行政机关认为其构成嫖娼行为仅有证明其出入过休闲店的视频监控，以及卖淫女的讯问笔录，并未有任何直接证据证明其的确实施过嫖娼行为，即使是公安机关用作直接证据的避孕套也非现场提取，更未进行过相应的DNA鉴定。但法院最终仍根据批复认为，无论是否已发生性行为，只要双方已就卖淫嫖娼达成合意，就可认为该处罚具有事实依据，证据确凿充分。至于相对人提出的，执勤人员属于辅警，并不具有执法资格等执法程序问题，只属于程序轻微违法并不影响实体决定，而是否要对避孕套进行DNA鉴定也属于公安机关的裁量范畴，因此，法院最终仍旧支持了原处罚决定。

从这个案件中已在某种程度上代表了批复的广泛适用所带来的执法问题：其大幅缩减了公安机关在认定卖淫嫖娼时的取证范围和取证义务，也因此很容易就引发这一处罚的滥用。而打击范围的扩张带来的另一显著问题就是选择性执法——要确保所有达成嫖娼合意的行为都要受到法律惩戒，必然需要庞大的执法资源，但执法能力的有限使公安机关只能有选择地进行，权力寻租甚至钓鱼执法也相应产生。而仅凭一项批复，就使公安机关无需再充分收集证据、核对案件事实就可对当事人进行处罚，甚至大幅扩

1　湖北省高级人民法院行政裁定书（2020）鄂行申546号。

张了治安管理处罚法的处罚范围，同样也有了自我赋权之嫌。

约嫖未嫖定为嫖娼的规范冲突

上述批复是2003年由公安部作出。但值得注意的是，2007年公安部又发布《公安机关执行〈治安管理处罚法〉有关问题的解释（二）》，在其"二、关于未达目的违反治安管理行为的法律责任问题"中明确规定，"行为人为实施违反治安管理行为准备工具、制造条件的，不予处罚。行为人自动放弃实施违反治安管理行为或者自动有效地防止违反治安管理行为结果发生，没有造成损害的，不予处罚；造成损害的，应当减轻处罚。行为人已经着手实施违反治安管理行为，但由于本人意志以外的原因而未得逞的，应当从轻处罚、减轻处罚或者不予处罚"。

由此来看，公安部2007年的解释已明确在治安管理处罚中，如只是预备则不予处罚；如属于中止，未造成损害的，不予处罚；如属于未遂，则应从轻、减轻或不予处罚。而且上述解释既然适用于所有的治安处罚行为，当然应包括由治安管理处罚法所覆盖的卖淫嫖娼行为。

在法律适用上，既然已有新法且新法规定已与旧法不同，就理应适用新法。而且2003年的规定只是公安部就山东省公安厅请示所做的批复，其效力也无法与公安部的一般性行政解释相提并论。据此，如果说2003年至2007年间，约嫖未嫖还可直接认定为嫖娼而处罚，在2007年之后依照新的解释就不再具有合理性。依照2007年的解释，如果已谈拢价格，但自动放弃嫖娼行为的，属于中止，应不予处罚；如果已谈拢价格，但在发生性行为之前就被公安机关抓获，属于未遂，应从轻、减轻或者不予处罚；如果只是询价则充其量只能构成预备行为，同样应不予处罚。

此外，即使是刑法原则上惩罚犯罪预备、犯罪中止和犯罪未遂，也是有刑法总则的明确规定授权，而且实践中，刑法也只是将预备、中止和未遂作为惩罚的例外。对于犯罪预备而言，只有实质上值得惩罚的预备行为才能作为犯罪惩罚，而是否具有可惩罚性又取决于，该预备行为的发展必然或极有可能导致重大法益的侵害，而且行为人的犯罪故意已经非常确定。因为如果大量惩罚犯罪预备，就必然导致原本不是犯罪预备的日常行为也受到怀疑，一些类似于工具准备的日常行为也会受到制裁。而且在预备阶段，行为人可能随时放弃犯罪决意，过于广泛地处罚预备行为，既违背责任主义也会反过来促使行为人真的着手实施犯罪。

至于询价行为，放在刑法学理中有时甚至连犯罪预备都无法构成，可能仅属于某种犯意表示，即以口头或书面方式将犯罪意图表现于外部。犯意表示只是犯意的单纯流露，并不能为犯罪制造条件，因此也完全不成立犯罪。对于犯罪中止和犯罪未遂，基于与犯罪预备一样的理由，刑法同样要求要谨慎地限制其惩罚范围，而不是借由惩罚犯罪中止和犯罪未遂，而将惩罚圈无限扩张，宽刑省狱而非一味重罚永远都是刑法应坚守的立场。这一点对于与刑法相似的治安管理处罚应同样适用。

我们都知道，嫖娼尽管不会留下犯罪记录，却会被行政拘留且由公安机关留存记录，也因此会载入个人档案，并持续影响之后的入学、参军、就业甚至是职务晋升等。如大学生翟某所反映的，其所在的学校因其有嫖娼记录而对其予以处分，更严重的如此前曝出的某大学依其校规，会将有嫖娼和拘留记录的学生予以开除。除违法和犯罪标签给个人生活带来的重大影响外，卖淫嫖娼相比其他行为更带有强烈的道德谴责和否定意味，也更容易引发对个人的污名化效果。因此，慎重地将惩罚范围限定在合理限度内，而非一味扩张或许才应是解读和适用法律时的正确选择。

数据防疫中患者的信息披露与隐私保护

　　新冠肺炎病毒蔓延期间，科学精准防控中，对个人数据进行广泛收集、整理和排查成为此次各级政府抗疫工作的重要一环。这些举措符合数据时代对公共治理的全新要求，也在很大程度上提升了抗疫工作的针对性和实效性。

　　各级政府在采集信息的同时，加强对信息公开的重视，尤其是收集整理的疫情数据，都会通过相关渠道及时向公众发布，提示其提前预防、避免感染。在这些政府向公众发布的疫情信息中，最初包含了确诊和疑似患者的数量、年龄、性别，后期更增加了其居住小区以及行踪轨迹。在疫情特别严重的地区，政府对信息公开的程度已经细致到由街道部署，社区进行，排查和公布"四类"人员（确诊、疑似、无法明确排除的发热患者、密切接触者）的分布情况，具体到楼栋和单元。

信息披露与隐私保护的矛盾

渐趋详尽和透明的疫情数据，在很大程度上缓解了普通公众的无端恐慌。但伴随疫情信息，尤其是患者信息被日渐详尽地披露，患者本身的隐私保护问题也开始引发公众关注。某地曾有新闻曝出医务人员利用工作便利，偷拍、散布患者的病程信息，具体包含姓名、家庭详细住址、工作单位、行程轨迹、接触人员、诊疗信息等信息，并通过微信转发，而被公安机关予以行政处罚。[1]

事实上，信息公开或披露和隐私保护在一般情况下就已存在矛盾：公众基于知情权而要求政府普遍向其公开信息，但根据政府信息公开条例，"政府信息"并非只是涉及公共事务和国家政务方面的信息，而是包含政府收集、制作和掌握的所有信息，这其中当然囊括他人的数据信息。由此，在信息公开和隐私保护之间就会产生张力。

在疫情防控的背景下，普通公众要求政府公布包括患者信息在内的疫情信息，除满足其知情权外，还尤其出于生命健康权的要求。由此，信息披露和隐私保护在疫情防控这一背景下还需有其他法益权衡。

对于政府而言，上述问题又意味着，其在疫情防控中已开始广泛使用数据收集、整理和公布的举措，但这些数据处理行为从

---

[1] 中国新闻网：《云南文山两名医务人员泄露患者信息被处理》，载新浪新闻，2020年2月7日，https://news.sina.cn/2020-02-07/detail-iimxyqvz0994087.d.html。

法律而言又应遵循何种规则，保持何种限度，才能使基于正当目的所进行的数据处理和信息披露不致蜕变为对公民隐私权的过度干预。

此外，在探讨抗疫中的信息披露和隐私保护问题时，还会具体涉及谁有权收集和公布患者信息的问题。毕竟在这个问题上，国家公权机关和私人主体所适用的规则并不相同，某地所曝光的医务人员偷拍患者信息并私下散布，是否属于违法也应放在这个背景下去判断。

信息权概念在法律上的出现

信息披露和隐私保护的问题在数据时代下又常常被放在信息权的大框架内进行探讨，学理和实践中也更倾向于使用信息权（数据权）来替代传统的隐私权。现代社会，作为整体的个人信息权事实上由两部分组成：其一是不受阻隔地获取公共信息的权利，又名知情权，这种权利主要通过政府的信息公开制度获得实现；其二是信息自决权，即公民可自我决定在何时以及在何种范围内对外公开个人生活事实。这种权利最初源于隐私权，但在数据时代下，其保护对象已不再限于个人隐私，而覆盖所有直接或间接能够对个体予以识别的数据，这也是所谓的个人信息"起步于隐私，但又不止于隐私"的意涵。

尽管传统的隐私权和现在更为通用的信息权（数据权）的保护目标都在于对抗他人对个人信息的过度收集、非法使用和不当储存，但二者在内容、范围和强度上还是有诸多差异。隐私权主要侧重于对私生活安宁和私生活秘密的保护，而信息权则不仅包含消极意义上的个人独处和生活秘密，还包括积极意义上个人对自身数据的控制。

除了保护范围明显比隐私权更宽泛外，法律实践和理论更偏向于使用信息权保护的原因还在于，信息权可以在个人数据保护和享有数据红利之间进行有效平衡。因为在传统隐私权的框架下，举凡个人不想对外透露的信息，都会被纳入隐私范围进行绝对保护。但在数据时代下，这样的做法又不可避免地会造成个人信息的独揽和公共治理的无力。国家为避免丧失数据红利，就会审慎处理隐私的范围，隐私权保护也因此很容易就会陷入"全有或全无"的保护困局。

但信息权与隐私权不同，从这一权利在宪法理论中被确认和识别时始，其有限性而非无限性就已被强调，"即使是自身信息，个人也并不具有绝对或无限的控制。个人是在社会共同体之下发展其个性，个人信息也是社会现实的反映，而并非纯粹与个人相关……为了迫切的公共利益，个人在原则上必须接受对其信息自决权利的某种限制"，从这个意义上说，与传统隐私权的绝对保护不同，信息权的保护是相对的，个人自治并非其终极目标，公共利益、社会秩序等价值也同样要被纳入权利保护需考虑的范畴。德国和欧盟的信息保护立法和实践中都相继明确，基于人口普查、实现国家防卫、经济、社会、交通警察任务的数据收集，为了法律争点判断进行的事实调查；对于公民健康危险的防卫、对抗暴动或是暴力行为、预防犯罪目的而收集的数据，在刑事诉讼程序中的事实调查、国家基于平等税捐目的而收集的数据等公益目的，都可以对个人的信息权进行干预。

此外，传统隐私权从其属性而言更多的是一种私权，即其目的主要是为了防堵他人对于个人的私生活秘密和私生活安宁的侵扰。但信息权却具有基本权利的属性，这也使其一方面可以对抗来自私主体的第三人对个人信息的不当干预，也能够抵御国家对个人信息的无限度收集和不当使用。国家和政府所拥有的信息处理技术，已使其能够轻易就将个人信息予以迅速整合，并由此完整描摹出个人的私生活图像。也正是在这个意义上，将上述问题放在个人信息权的框架下讨论会更加妥当。

也正是受现代信息权理论的影响，现今即便隐私权概念在很多场域还被沿用，但其范围、属性也有了相应调整。在谈及"隐私权"时，下述认知也已获得一般认可：其一，现代意义上的隐私尤其是数据隐私已经不限于个人不愿意对外披露的信息，而是个人可被探知和记录的所有信息；其二，数据隐私在数据时代下并不享有绝对保护，基于公益目的时，个人的数据隐私也应有所退让；其三，隐私权不仅可以用以对抗作为私人主体的第三人对个人的数据隐私的泄漏与操控，同样可以用以防御国家对个人信息的无限度收集和不当使用。这些认知前提也成为我们接下来进一步讨论疫情防控背景下信息披露和隐私保护的基本背景。

国家收集和使用个人信息的法律限制

个人信息权虽保障在数据时代下，个体免受个人数据被无限收集、储存、使用和传递，但如上文所揭示的，这一权利在确立之初，就已直面数据时代下个人自决与公共利益之间的矛盾，并认可为了迫切的公共利益，个人在原则上必须接受对其信息权的某种限制，这种限制也当然会触及其隐私信息。

在此次疫情防控中，广泛及时的信息收集和排查发挥了重要效用，其目的正当性无可厚非。但与基本权限制的一般原理一样，即便允许国家机关为公益目的限制公民的信息权，如果不对限制行为本身进行限制，个人在数据时代下就会彻底被透明化和客体化。

对个人信息和隐私的保护首先规定在传染病防治法第12条："……疾病预防控制机构、医疗机构不得泄露涉及个人隐私的有关信息、资料。"但此条表述过于简单，且其保护对象仅限于传统的隐私信息，尚不足以为公权机关基于疫情防控需要，而对个人数据正当适宜限制提供明确指针。据此，对限制个人信息权的界限探求还应回到信息保护的一般原理中。根据个人信息保护的一般原理，公权机关可基于疫情防控等"重大且明显的公益需要"而对个人信息进行收集使用，需要符合以下要求。

其一，合目的性原则。国家"强迫（个人）提供涉及人身之资料，是以立法者于特定范围内且详尽确定使用目的，并且该资料对该目的而言是适合且必须为前提的"。合目的性又包括目的的明确和受目的约束。第一，公权机关必须明确规定收集、使用个人信息的目的，原则上禁止为供未来不特定目的而收集和使用个人信息。第二，公权机关对信息的后续使用亦受上述目的的限制，而不得将所收集的信息在法定目的之外使用。为确保信息收集工作的合法合规，公权机关应尽可能明细地告知公民信息筛查的目的，也应确保此后使用这些信息时受此目的的限制。

其二，比例原则。比例原则一直以来都是衡量国家限制公民权利是否正当的核心法则，而其所强调的"手段的适度"和"限制的妥当"，也同样能够用以对公权机关对信息权和隐私权予以限制是否正当适宜的衡量。比例原则要求公权机关在收集和使用个人信息时注意行为手段与目的的关联性，且确保信息收集和使用都必须控制在对保护公益有所必要的限度内。

其三，安全原则。公权机关基于疫情防控需要收集和使用个人信息，同样需确保这些信息在储存、使用和传递等全部环节的安全性，避免行政机关因信息管理失职而构成对个人信息权的侵犯。

对患者信息的披露在多大范围和限度内是正当的？

在分析了公权机关收集使用个人信息的一般规则后，再回到疫情防控中对患者信息的披露问题。公开确诊患者的年龄性别、居住地址，甚至是行动轨迹的做法是否构成了对个人信息权和隐私权的不当干预，对患者信息的披露应保持在何种范围和限度内才是适当的，需要更为细致的判断。

如文章所申明的，个人的基本权利并非绝对，为重大且迫切的公益需要，任何人的权利都应该有所退让，即便信息权和隐私权也并无例外。而且在权利侵害的严重性与公益保护的必要性这一损益平衡的天平上，处于天平一端的公益越重要，保护的迫切性越强，处于天平另一端的权利也自然受到更大程度的限缩。伴随科学研究对新冠病毒病理特征的逐步破解，已经证实新冠病毒会通过身体接触以及空气飞沫等方式进行传播。因此，在患者被确诊收治后，调查和追踪其具体的居住地址和行动轨迹，能够较早地判定可能与其密切接触的人群，并提前对这些人群实施通知、隔离与救治。而政府进行信息披露同样是为了履行对公众生命健康权的保护义务。从这个意义上说，公布确诊患者的行踪信息和住址信息不应认为是对其信息权的不当干预，而是行政机关在患者隐私和公众健康权之间予以法益权衡的必然结果。

但住址信息应具体到何种程度，指明楼栋和单元是否属于过度，不能依赖于一般大众的情感认知或是患者自身的心理感受，而是要参酌有关病毒传播的专业知识和专家经验。换言之，这一问题的判断依据在于病毒传播在科学上的危险性而非一般大众的恐慌感。一栋居民楼内某单元如有住户被确诊罹患新冠肺炎，与其同住一个单元的其他住户感染的风险性也相对较高。因此，公布患者住址具体至楼栋和单元更有利于易感人群的提前知情和预防，更有利于公权机关提前介入，并有效进行预防诊治。从长远来看，这种提早介入还可能带来有效分配医疗资源、避免医疗资源被挤兑的积极结果。

各地对患者住址信息披露的详尽程度并不一致。很多地区因为疫情传播并不严重，对患者住址信息的公布通常仅至小区。而各地卫生行政部门对密切接触者范围的划定，也不都是完全以楼栋单元为依据，很多时候还要权衡与确诊患者是否有正面接触以及接触的时间。这种差异处理在病毒病理特征、传播途径尚未被彻底破解之前，应被理解为各地行政机关在进行信息披露时的不同裁量。这种行政裁量只要未逾越比例原则的界限，原则上应对其予以尊重。

此外，为疫情统计、病毒研究以及提示公众的需要，而在抹去患者具有可直接识别性的个人信息（如身份证号码、个人图像、姓名等）的基础上，客观公布确诊者的年龄性别信息，也应认为并未构成对个人信息权的不当干预。但无论是披露患者住址还是性别年龄，对个人信息权的披露最终还是有基本限度：这一限度就是政府所披露的绝不能是极具个体识别性的身份信息，不能使他人在此信息披露基础上迅速进行数据整合，而完整描摹出患者的个人图像，换言之，对患者个人信息的披露，绝不能使他人通过信息技术处理手段，迅速地锁定每个具体的患者。因为信息权和隐私权所保障的核心，正是个人的整体个性轮廓不被彻底暴露在他人的窥视和国家的监控之下。

私人主体收集和使用个人信息的法则

以上是对国家公权机关收集和使用个人信息时的原则和限度的分析。但如果收集、使用个人信息的主体是作为私主体的第三人，其规则又有不同。在公法中，国家机关可基于重大且明显的公益保护需求而收集、使用个人的信息数据，而无须征得个人同意；但在私法中，个人收集、使用他人信息和数据是以知情同意为原则的。

"同意"在此成为数据使用合法性的必要前提。这种同意要求不仅基于对数据的采集，也基于对数据的传播、加工或其他处理行为。当然，为避免"同意"要件给海量的数据处理所带来的巨大成本，私法就将同意具体划分为积极同意和消极同意两种样态，前者是个人数据处理必须事先征得数据主体的同意；而消极同意意味着数据主体有权反对个人数据梳理，但不反对就视为同意。这两种方式的选用则主要依赖于所涉及的数据类型。鉴于此，作为私主体的组织或个人，如果未获同意，就擅自以文字、视频等方式暴露患者、疑似患者甚至是密切接触者的个人信息，都应当被认为是对个人隐私权的极大侵犯，如对患者进行人肉搜索并予以污名歧视的做法显然是对他人信息和隐私的不当干预。

在私主体中格外需要提及的还有医务人员。基于医务人员和患者之间特殊的人身信赖关系，医务人员不得随意披露患者病例信息，这一点也早已成为医务人员的职业守则。患者的个人信息和病理隐私在医患关系中应该是予以特别保护的法益，这种法益也使医务人员负有加重的保密义务。这一义务同样规定在2009年颁行的侵权责任法第62条："医疗机构及其医务人员应当对患者的隐私保密。泄漏患者隐私或者未经患者同意公开其病历资料，造成患者损害的，应当承担侵权责任。"医务人员即使是出于提示公众提前预防的目的，但详尽披露患者身份证号码、姓名、家庭住址等信息也已经违反了职业伦理，侵犯了患者的隐私权。其实，提示亲友或其他公众预防完全可通过其他方式进行，如只是概观说明就职医院已收治流行病患者。至于确诊患者的其他信息，原则上应由卫生行政部门在进行数据收集、整理后再向公众披露。

个人在数据时代不应被透明化和客体化

疫情发展至今，已成为法治水平和公共治理的压力测试。

因为互联网、大数据、人工智能等科技的发展，相比多年前的SARS，此次的抗疫行动开始更自觉地使用数据和信息处理技术。包括信息公开在内的数据抗疫在很大程度上缓解了公众的恐慌，也明显有助于国家机关及时识别疫情、科学合理地安排卫生管控措施，以及进行包括医疗资源在内的物资的调配保障。但伴随其优势渐显，数据抗疫同样引发个人信息和隐私保护的冲突问题。

事实上，在数据时代下，因为信息收集、储存、整合、传播及处理方式的彻底革新，人们无法再逃遁于"隐私"之下获得完整隐秘的个人空间。通过获取、汇集和整合人们在日常生活中所留下的种种生活痕迹，数据技术完全能够在短期内描摹出与个人的实际人格相似的"数字人格"（computer persona），从而使私人图像一览无余地暴露于他人的窥视之下。数字人格的形成提示我们在信息时代下个人生活被广泛干预的风险，也警醒我们注重对个人信息的保护。反过来，如果过度强调个人对自我信息的独揽，就会彻底削弱公共治理能力，毋宁为一种反智之举。由此，如何在公共治理中合理使用个人数据，同时又能避免对个人信息权的过度干预，就成为数据时代下的重要议题。伴随数据抗疫的不断展开，公共治理需要与个人信息保护之间的矛盾同样开始呈现。

正如基本权利原理所揭示的那样，即使是处于应急状态下，公民的权利会因疫情防控的需要而受到克减和限缩，但这种克减和限缩也还是应该谨守法治的底线，尤其是不能使限权最终沦为对权利的彻底排除和掏空。这一点对于新兴的信息权也同样适用。国家机关为抗疫目的可对公众的个人信息进行广泛收集、整理、披露和使用，但其同样要遵守合目的性、比例原则、安全原则等核心基准。这些原理确保了数据抗疫工作的有序进行，也确保了个人附着于数据和信息之上的"第二人格"不被排除，确保个人在数据抗疫下不被透明化和客体化。

文明码被骂退：警惕被数据操控的人生

　　某地在政府应用软件中推出"文明码"功能，通过"一人一码"，构筑个人的文明积分信息识别体系，从而形成市民文明程度的"个性图像"。目标结果是：文明积分等级高的市民将会享受工作、生活、就业、学习、娱乐的优先和便利"，文明码更可"作为警示和惩戒综合文明指数低于下限人员的电子凭证以及外来人口积分入户志愿服务电子凭证。

被骂退的文明码

　　但让某地政府始料未及的是，作为全国首创的文明码在推行后却遭遇广泛批评和质疑。政府随即回应，文明码以正向激励为原则，以市民自愿注册为前提，且不与个人信用挂钩，也不会对入学、入户、就业等产生影响。文明码的广泛推行算是就此被"骂退"。

　　文明码引发众怒的原因主要有二：其一，行为举止是否文明属于道德范畴的问题，因此既无法通过统一标尺来衡量判定，也不宜附加以"享受优先与便利"的奖励或是"警示或惩戒"的法律后果；其二，文明码涉及对个人信息的收集、储存、加工和使用，存在被泛化使用且毁损个人信息权的极大可能。事实上，文明码的出现，所体现的正是在大数据时代下政府治理方式的转变。但通过信息收集和使用来对个人进行定位，并对其行为进行调控，虽是数据时代下政府管制的便利之举，其背后却隐藏着公权机关无限度攫取、整合个人信息，并最终完整描摹出个人私生活图像的极大危险。

信息权保护的是什么？

在民法典第1034条中，个人信息权与隐私权被清晰区分，对其保护的要求也予以特别强调："自然人的个人信息受法律保护。个人信息是以电子或者其他方式记录的能够单独或者与其他信息结合识别特定自然人的各种信息，包括自然人的姓名、出生日期、身份证件号码、生物识别信息、住址、电话号码、电子邮箱、健康信息、行踪信息等。"信息权被区别规定的原因就在于，在信息化时代下，单纯的隐私保护已无法为个人构筑阻挡他人窥视和介入的屏障，因为数据收集、储存、整合、传播及处理方式的彻底革新，人们也无法再逃遁于"隐私"之下获得完整隐秘的私人空间。

信息权虽然在民法典中被归入私权，但其对抗的却不仅仅是私法领域第三人的不当侵犯，还同样包括公权机关对于个人信息的无限度收集以及不当使用。这一点其实在民法典第3条的表述中就可获得确认:"民事主体的人身权利、财产权利以及其他合法权益受法律保护,任何组织或者个人不得侵犯。"此处的"任何组织或者个人"当然包括行政机关在内的国家公权机关。事实上,相比同为私人的第三人对个人信息的不当侵犯,来自国家公权机关对个人信息的违法收集与不当使用可能更难防御和对抗,因其往往具备远远超越于私人的信息收集和整合技术,且这些收集和整合行为又常常被包裹在公益维护的正当外衣之下。如果放任公权机关以"公益"目的无限度收集、使用和整合个人信息,其最终侵犯的就是个人的数据人格以及背后的个体尊严。

现代的科技发展已在很大程度上使神圣的"个人"降格为硬盘中可随时调取且分析的"1/0",通过获得、汇集和整合人们在日常生活中所留存的种种生活轨迹,数据技术已完全能够在短期内描摹出与个人实际人格相似的数字人格。这就使完整的人格权保护必然应拓展至个人由数据所构成的数据人格。

人格数据化有可能带来极大的风险,即个人生活被国家广泛监控和干预。传统隐私保护通过强调国家对个人私密信息和私密活动的尊重与克制,而构筑起个人免受窥探和干预的私密空间。但伴随数据技术的发展,这种私密空间很容易就会被数据操控行为所击破。借助大数据库的优势,公权机关也很容易就能对人群实施数据监控,并根据数据结果而对人群进行数据操纵,最典型的即通过公共意识而对个人产生心理压力进而影响个人行为。受到影响的个人则完全缺乏足够手段,来控制信息的真实性与使用。个人由此彻底透明化、数据化和物化。

因此，对个人信息的保护除了旨在防御他人对个人信息的不当收集和滥用，更在于防御国家通过数据监控而对个人生活图像巨细靡遗地予以描绘，并最终使个人一览无余地暴露在公权机关的窥视之下。也正是在这个意义上，德国学者施密特·阿斯曼坦言，信息权的提出和保护要求，更多"是对国家因现代信息技术的急剧发展而获得的对个人生活极大监控可能的回应"。因此，对文明码被滥用的担忧和反对，本质上正是对因公权机关无限度收集个人数据而可能导致的监控国家风险的忌惮和反对。

如何防止过度收集和不当使用个人信息？

个人信息收集与处理的合法性基准在民法典中已有明确规定："处理个人信息的，应当遵循合法、正当、必要原则，不得过度处理，并符合下列条件：（一）征得该自然人或者其监护人同意，但是法律、行政法规另有规定的除外；（二）公开处理信息的规则；（三）明示处理信息的目的、方式和范围；（四）不违反法律、行政法规的规定和双方的约定。个人信息的处理包括个人信息的收集、储存、使用、加工、传输、提供、公开等。"

据此，个人信息的收集和处理规则可以大致归纳为如下方面。

其一，目的明确与目的限制。即信息收集应有明确目的，收集处理行为应与目的相关，而不能超越实现目的本身所需的范围。

其二，目的合法与正当。即信息收集和使用的目的须能够经受合法正当检视。与其他权利一样，公民的信息权也非绝对，即使是个人信息，也同样是社会事实的反映，而并非纯粹地仅与个人相连。基于对社会和他人的责任，个人同样须让渡自身对于信息的部分控制，信息社会的红利也在此基础上产生。但个人让渡信息控制权，或者说公权机关对个人信息权进行限制必须具备正当目的。此处的正当目的在现实中又常常表现为"迫切的公益需要"，如抗疫中的公共防卫。但值得注意的是，概略的"公共利益"并不能正当化政府所有的信息收集和处理行为。原因就在于概括性的公益目的几乎无法为限制公权机关不当收集和使用个人信息划定任何界限。正如某地政府说明文明码采集的目的是提升社会整体的文明指标，但有关社会文明的事项包罗万象，个人的所有数据也都直接或间接与此目标相关，这就直接为公权机关未来过度的数据收集提供可能。因此，信息保护中的目的明确和合法，都要求目的本身必须是足够清晰和特定的，公权机关也只有从这些特定目的出发才能进行数据收集和使用。

其三，知情同意原则。所谓知情同意即原则上任何针对个人的数据处理都需要事先征得当事人的同意。知情同意此前一直被作为公权机关合法处理个人数据的首要法则。某地文明码在遭遇广泛批评后，政府同样提出该码的使用以"市民自愿注册为原则"。需要警惕的是，假如文明码已经与公共服务广泛相连，个人只能在"同意让渡个人信息"与"完全放弃公共服务"之间选择，这就使知情同意原则对于公权机关的约束性几近于无。

其四，禁止过度原则。公权机关对个人数据的收集常常都以公益保障为外衣，因此很容易就会满足目的合法与正当的要求。但并非所有的公益目的都需要通过数据收集和处理行为达成，在规范政府数据采集行为时，还存在一项核心法则，即禁止过度和

74

比例原则。所谓禁止过度，是指即使公权机关为公益目的收集和使用个人信息，也必须克制在对保护公共利益有所必要的限度内。在数据保护领域强调比例原则和禁止过度的原因在于，储存高度私人化信息的技术手段在今天已然是无限的，这些数据处理技术使个人数据在数秒内就会被调取，如果范围再无限制，数据和数据间相互结合，迅即就会产生个人完整的个性轮廓。公权机关也很容易借由数据监控而对个人进行数据操纵。

再看文明码的问题

在预见了数据大量汇集可能导致的严重风险后，诸多国家和地区都将"遏制政府无限度收集个人数据"作为数据公法保护的核心法则，这一法则也导出了"无必要不收集"的操作规则。

具体至某地文明码事件，政府可能认为通过数据收集和处理来提升社会整体文明水平并无不妥，相比其他传统手段甚至更迅捷便利。但仅为抽象的社会文明水平提升，就干预对公民完整人格的塑成至关重要的信息权，这一做法首先在公益和私益的权衡上就无法获得支持。公民权利仅为"迫切且重大的公益目的"才得受限制，而并非要对所有的公益目标退让，这一点已成为现代国家的一般共识，也早已贯彻至我国的行政规范中。

此外，政府为提升社会整体文明水平就对个人信息进行收集和处理，不仅会进一步强化政府对个人的数据监控，也不可避免地会带来数据操控。

这种数据操控在文明码中就具体表现为对人群的区分处理和

歧视对待。文明码构筑出个人的文明积分信息识别体系，而文明积分等级高的市民将会享受工作、生活、就业、学习、娱乐的优先和便利，这就意味着原本是所有市民都应平等享受的公共服务，被公权机关通过个人的文明积分和指数进行了重新分配，那些"更文明"的市民享有公共服务的优先与便利，而"不文明"的市民则被剥夺获得公共服务的可能。这一做法不仅是对公法中"禁止不当联结"的违反，也从根本上触及公民包括平等权、给付权在内的基本权利。试想如果文明指数与获取公共服务的机会再进行深度和广泛联结，蔓延至就业和入学领域，其影响到的又将是对个人至关重要的职业权和教育权。

除对个人信息产生严重的干预风险外，从行政合法性角度而言，文明码被滥用的问题在于，行政机关仅依据简单的数据评价就对个人做出赋权或是惩戒决定，同样存在行政违法的极大可能。传统行政要求行政决定必须事实清楚、证据确凿、适用法律法规正确，符合法定程序才属合法。文明码的问题还在于，这些指标生成的过程被完全交由算法处理，这里不仅存在着数据瑕疵、标准单一的问题，还因为算法的不透明以及技术系统的自动化和封闭性，个人几乎被彻底隔绝在行政过程之外，个人在普通行政程序中所拥有的要求行政陈述事实、说明理由、进行申辩等程序权利则完全消弭不在，个人对行政决定进行有效救济的可能也因为算法的不透明和行政的自动化处理而被彻底排除。

数据化时代个人也并非客体和手段

文明码的构想看似迎合了现代数据治理趋势，但在这种治理方式的背后却掩藏着将个人予以工具化和物化处理的风险。个人在此完全被作为达成"提升社会文明水平""便于行政管理"这些社会治理目标的手段和工具，而急速发展的数据技术又使这种工具化处理更简便易行。因此，对包括文明码在内的各种码化管理泛化使用的反对，是对个人工具化和物化处理的反对。

康德曾说："人是目的，而不是纯粹的手段。"德国战后的宪法理论也汲取这一思想精华，确认"国家是为个人而存在，而非个人是为国家而存在"。这一关于个人与国家关系的基本认识即使在数据时代下也不容轻易放弃。数据时代带来了政府管理模式的革新，但政府却不能借由数据处理技术而物化个体人格，吞噬私人空间，并彻底将其作为公共治理的手段和工具。强调个人信息保护的目的，除了要防堵个人信息为他人所操控，同样也是在提示对个人信息为国家所滥用的可能。从这个意义上说，文明码事件再次警醒我们，公权机关在数据收集和处理方面的权限必须受到严格限制，唯有如此，个人才不致在数据化时代下彻底沦为可随时被分析、处理和操控的简单数据。

单身女性冻卵：法律究竟该持何种立场

从全国首例单亲妈妈经诉讼后获领生育保险，到某省卫健委规定生育服务证不再以结婚登记为前提，单身女性的生育权问题近年来一直颇受大众关注。继婚姻与生育呈现解绑趋势后，放开还是禁止单身女性冻卵，同样成为公众热议的话题。

单身女性冻卵禁令及其政策考量

国家卫健委之所以咨询专家意见，其原因首先在于2003年由原卫生部出台的《人类辅助生殖技术规范》中明确规定："禁止给不符合国家人口和计划生育法规和条例规定的夫妇和单身妇女实施人类辅助生殖技术。"由此，能够享受冻卵以及其他辅助生育技术的就只有已婚妇女，单身女性可以要求冻卵只能是基于医疗需要，如需要在手术化疗前保存生育能力的癌症患者。

原卫生部之所以做出上述禁令首先是因为人口政策的考量。众所周知，我国在很长时间内采取的都是抑制人口过快增长的生育政策。为此，不仅不符合生育规定而生育子女的公民须按照法律规定缴纳社会抚养费，违反政策生育的孩子在入户、入学和入职等方面也受到多重限制，与此前的单亲妈妈无权享受生育保险一样，单身女性亦无权享受冻卵服务。

2019年国内首例单身女性冻卵案中，当事人以北京某医院因其是单身身份且非医疗目的为由拒绝为其提供冻卵服务，而将医院告上法庭。但因为上述规范禁令并未解除，一审法院仍旧驳回了当事人的诉讼请求，也间接否定了单身女性仅为延缓生育而主张的冻卵要求。

目前，我国的人口政策已因严峻的人口压力而做出重大调整。因为育龄妇女极低的生育意愿，我国的生育率近年来持续走低，2022年更是首次出现自1962年以来的人口负增长。基于刺激生育的需要，不仅此前一直要求控制生育的人口与计划生育法进行了重大修改，各地也纷纷出台诸如取消结婚限制，向未婚女性生育开放生育保障公共服务等利好政策，目的当然是从此前的抑制生育彻底转向鼓励生育。由此来看，国家卫健委此次咨询专家意见，并释放出可能放开单身女性冻卵限制的信号，同样也是基于人口政策的调整以及缓解人口负增长压力的考虑。

单身女性冻卵背后的女性生育权

尽管上述考虑都首先出自刺激生育的目的，但这种考量却不能充分证成取消单身女性冻卵限制的正当性，而且这种考虑背后还隐藏了对女性的异化。这在强调个人尊严的法治主义立场看来，当然无法站得住脚。

法律上允许或限制某种行为的首要基础在于当事人是否存在正当权利。从医学上说，所谓冻卵意味着从母体中取出健康的卵子进行冻存，待女性未来希望生育时再取出使用。根据现有技术，冻卵保存的时间通常可达十年。女性选择冻卵当然是希望为未来保留生育的可能：即使在年轻的时候未找到合适的伴侣，或者选择不走入婚姻生育孩子，未来想生育的时候仍旧能生育。用最先引爆这一话题的演员徐静蕾的话来说，就是"给自己一个不后悔的选择"。

尽管冻卵和最后的辅助生育尚有距离，很多冻卵女性最终都放弃了冷冻的卵子，未被使用的卵子也大多被用于捐赠或毁弃，但冻卵却和解除以结婚登记为前提的生育服务一样，最终指向的都是女性的生育权利。生育权又源自女性人格的自由开展和对身体的自主决定，即她有权自主决定是否以及何时生育子女，在生育问题上免受包括家族、男性乃至国家的干预。在前文所述的首例单身女性冻卵案中，当事人同样是以人格权受损为由提起诉讼。

肯定女性生育自主权，当然是因为现代女性意识的觉醒。而且相比解除生育的婚姻限制，冻卵可说在更大程度上扩展了女性自主规划生育的权利，这种权利的实现不仅不再依赖于家庭和男性的意愿，甚至可以超越女性自身的生理局限。

平等保护与身份歧视

我国妇女权益保障法同样规定："妇女有按照国家规定生育

子女的权利，也有不生育的自由。"既然法律上已普遍肯定女性的生育权利，这种权利就不应该针对单身女性和已婚女性而有所区别。很多用以反对单身女性享有生育权的理由都归向对家庭和婚姻制度的保障，认为允许单身女性生育会导致家庭观念的淡漠和婚姻伦理的滑坡。

家庭对于国家存续固然重要，但对家庭的制度性保障却不能凌驾于妇女的生育权之上。因为基于对家庭和婚姻的保障，就要对单身女性的生育权利施加限制，要求其必须通过与他人缔结婚姻才能生育，无异于对女性权益的粗暴干预。这种干预不仅不尊重女性的独立自主，其背后还代表着一种唯婚姻和家庭至上的单一价值观，其不认可个人对自己的私人生活有自主选择的权利，也倾向于在制度上通过由家庭和婚姻垄断生育的合法性，进而限制女性多样化的自主选择。这种价值观已完全与现代个人主义和自由主义的观念相悖，也无法见容于多元的现代社会。

生育本身并不必然要与家庭互相捆绑，这个早已被诸多国家的法律制度所确认。那些认为单亲家庭就一律不利于孩子成长的陈词滥调，同样是这种单一婚恋观和家庭观的反映。而由这种家庭观带来的直观影响除了极大限缩女性的选择空间外，还有在生育问题上对单身女性的歧视对待。这一点同样在法律上无法获得证立。

妇女权益保障法规定，"妇女有按照国家规定生育子女的权利，也有不生育的自由"，此处的"妇女"并未限定为已婚妇女，即使是人口与计划生育法在规定"公民有生育的权利"时，用语也是"公民"而非已婚妇女。

由此来看，与此前规定单身女性就无法享受生育保险的政策一样，《人类辅助生殖技术规范》禁止单身女性在医疗目的之外仅为延缓生育而享有冻卵权利，就是对单身女性的生育歧视。而且卫生部仅以《人类辅助生殖技术规范》这一规范性文件就限制女性的基本权利，本身也有违法律保留的法治要求。

除涉及对单身女性的歧视外，《人类辅助生殖技术规范》还有违男女平权的要求。与《人类辅助生殖技术规范》同时出台的还有同属于卫生部规范性文件的《人类精子库基本标准和技术规范》。但有意思的是，该技术规范并未明确禁止单身男性冻存精子。现实中一些单身男性出于生育力保存的目的而冷冻精子的现象也的确存在。既然单身男性冻精在我国会被允许，就会直接造成法律对于男女的区别对待以及对女性身份的歧视。

2020年国家卫健委在回答为何会对单身女性冻卵和男性冻精予以区别对待时，给出的理由是冻卵技术存在健康隐患，也会对女性身体造成风险伤害。因为正常女性的排卵量有限，想要提取更多卵子就必须大量注射促排卵药物，取卵手术本身也属于外科手术，可能会引发健康风险；与此相比，男性冻精却相对简单，且几乎对身体没有任何伤害。但上述风险并不会因提出冻卵要求的是单身或已婚女性而有所区别，其实即使是正常生育也都会伴随一定的风险。国家应对风险的方法应该是对提供此项服务的医疗机构进行严格的资质审查，而不是因为存在风险就彻底禁绝，甚至只是对某些人群禁绝。在技术安全和风险可控的保障下，单身女性基于知情同意就理应获得此项服务。

还有一种观点认为，放开单身女性冻卵限制会为女性营造

"放心大胆"地推迟生育年龄，进而鼓励晚婚晚育的社会氛围，这也不符合当下鼓励生育的政策趋向。而且相比正常生育，冷冻卵子因为复苏率和胚胎种植率都存在不确定性，使用率并不高，因此并非万无一失的生育保险栓。由此，若存在冻卵限制，即使基于职业规划而不愿生育的妇女考虑到生理局限，也会不得不走入婚姻孕育孩子；若放开冻卵限制，育龄妇女因为有了保险就会将生育计划不断延后，最终却既可能自己无法如愿生育孩子，也不利于国家人口数量的提高。

那些有冻卵意愿的单身女性，经由知识普及都会了解冻卵技术可能存在的健康风险，也会知晓冻卵未必能百分百满足延迟生育的考虑，但如果其仍旧选择在生育黄金期，将工作和学习排在优先级，并通过储备卵子以延迟生育，国家也应当宽容。这是一个独立个体基于利弊权衡所做的理性选择，即使它可能与生育政策不完全相符，但也应得到法律的尊重。

风险控制与国家责任

在所有反对单身女性冻卵的理由中，有一项是需要法律认真对待的：如果冻卵大幅放开，就会催生代孕等行为的市场需求，甚至可能会滋生买卖卵子的违法现象。从域外经验来看，冻卵的放开的确会刺激代孕的兴起，由此，对某些女性生育自决权的拓展反而会演变为对另一些底层女性的剥削。代孕的兴起不仅更大程度上挑战了正常生育秩序，也会引发难解的伦理问题。

但与健康风险一样，伦理风险同样不应该是排除女性生育权利的正当理由。其实《人类辅助生殖技术规范》中已经对实施辅助生殖技术机构的设置条件、技术实施场所、设备条件和对技术应用的管理，甚至技术实施人员的行为准则都做了明确要求和规范。而对待代孕我国的法律规范则采取了完全禁止的态度。同样在原卫生部2001年发布的《人类辅助生殖技术管理办法》明确写道："医疗机构和医务人员不得实施任何形式的代孕技术。"

既然法律已经明确禁止代孕，而现实中仍旧会出现诸多的出售卵子和商业代孕的黑灰产业，就说明代孕乱象的滋生与单身女性冻卵禁令并无直接关联。所以，对冻卵和代孕的法律评价应当分开，对于后者应引入更有效的监管，也同样应展开更充分的论证。即使是那些已经对冻卵开放的国家，也同样是建立了相应的配套措施，由此才能确保不会造成法律与伦理之间的冲突。

值得一提的是，很多男性在面对允许生育不以结婚为前提或者允许单身女性冻卵时，总会担心法律上的允许会鼓励女性抛弃家庭、抛弃男性，女性既然可以完全抛开男性完成生育，男性就可能变得无意义，人类甚至都有回归母系社会的可能。这种担忧其实毫无必要，更大的自由永远意味着更大的责任，当女性拥有更多选择自由时，就必然需要认真考虑是否能够承担选择的后果。

养育孩子是项极其艰巨的重负，它会在极大程度上影响女性的人格自由开展，这些现实要素都会阻止女性最终放弃独立生育和抚养孩子的念头。但生育的责任和负担难道就应让女性独立承受吗？

记得德国联邦宪法法院在堕胎案判决中这样写道：在堕胎问题上，孕妇的自主决定权的确与胎儿的生命权存在冲突，较之孕妇的自主权利，人的生命与人格尊严有更密切的关联，也理应受到更高层级的保护。但不允许女性堕胎又如何解决女性因怀孕生子所引发的现实问题？对此，德国的做法是要求政府同样负担积极责任而绝不能将生育代价全部交由妇女独自承受。在现实中，德国也同样在积极塑造母亲和儿童友好型的社会。典型的配套举措，如女性每月可从政府处领取儿童金，可自主决定工作时间，幼儿园和学校也会为单身妈妈的孩子提供更长时间的照护和看顾。也因为有这些社会支持，女性才得以不再委屈自己进入婚姻，才能够坦然无惧地独立处理生育和抚养问题。

妇女节虽过，但针对女性权益的讨论却永不会消退。同为女性，我们既能感受压在自己身上的持久重负，也能体谅不同女性的权利诉求。一个追求平权的社会应尽可能去除女性身上的枷锁，有关女性权益的议题亦不能完全由男性所垄断。就如新晋奥斯卡影后杨紫琼所讲，女性的声音应该更多被听到，女性也应更多由自己而非他人所定义。自由是有风险，选择也当然有代价，但打破枷锁、挣脱桎梏，却应成为我们共同奋斗的目标。

抢生二孩到底该不该罚

如果说某项国家政策在近年历经最大的起伏变化，并给每个中国家庭都带来了直接切实的影响的话，这项政策当属计划生育。这项政策从1980年起获全面推行，于1982年作为一项基本国策被写入宪法。

为保障此项国策的施行，全国人大常委会于2001年出台《中华人民共和国人口与计划生育法》，授权计划生育行政部门对不符合法律规定生育子女的公民，征收社会抚养费。但斗转星移，原本被认为对我国的人口问题和经济发展发挥积极作用的计生政策，却开始与人口老龄化、劳动人口锐减的现实相互龃龉。为应对上述问题，中共第十八届中央委员会第五次全体会议宣告，自2016年1月1日起，"全面实施一对夫妇可生育两个孩子的政策"。自此，推行了近35年的"一孩政策"宣告终结。

人口政策从"只生一孩"向"全面二孩"逆转所产生的震荡仍未消退，另一现实冲突开始频现：因为此前"双独二孩""单独二孩"的政策试水以及甚嚣尘上的人口政策改革风潮，一些父母在2016年"全面二孩"政策生效前就已"抢生"了二孩。与此同时，尽管人口与计划生育法也在此后对有关征收社会抚养费的规定进行了相应修改，但与新人口政策一样，上述修改都是自2016年1月1日起生效。于是，许多计生行政部门以"2016年1月1日后出生的二孩才属合法"为由，在新人口政策施行后，同样向这些抢生二孩的父母追缴社会抚养费。

刘某在2015年12月16日生育二孩，当地卫计局在时隔三年后于2018年9月向其追缴因为违法生育二孩的"社会抚养费"。[1]突然而至的罚单激起刘某的强烈质疑，尤其是其二孩生育的时间距离国家全面放开二孩仅不足一月，而2018年9月国家卫健委"三定"方案公开，计生部门自身都面临裁撤和合并，此时的追缴究竟还是否合法？

社会抚养费到底是什么？

在众多相关案件中，最具争议的问题就是社会抚养费的法律属性，而对卫计委时隔三年突然发出的征缴决定予以适法评价，同样首先涉及这一问题。如果从纯粹学理角度考虑，社会抚养费根据其意涵要素，几乎能毫无争议地被划入行政处罚的范畴，后者是行政机关针对违反行政管理法律规范的相对人所进行的惩

1　《江西男子被追缴三年前二胎罚款，卫计委称"符合法律规定"惹争议》，载搜狐网，2018年9月20日，https://www.sohu.com/a/254994966_99937407。

戒，而罚款则属于处罚中最典型的类型。事实上，在2001年人口与计划生育法使用"社会抚养费"的概念之前，各地计生行政部门最初对违反生育政策的惩戒手段就是征收"超生罚款"。或许因为忌惮这种称呼太过直接严苛，1992年"超生罚款"被由原国家计划生育委员会、财政部、国家物价局颁发的《计划外生育费管理办法》更名为"计划外生育费"。

1996年行政处罚法出台，有关"计划外生育费"究竟是否属于行政处罚的争议甚嚣。当年的处罚法为遏制行政机关在惯常执法中滥设处罚、滥施处罚，对处罚的设定、程序和实施均做了严格规范。如果将对计划外生育的惩戒性收费同样归入行政处罚，则意味着计生部门在征收上述费用时必须严格恪守处罚法的规定，这也同样意味着，如果依据处罚法来评价实践中各类计生执法行为，其结果必定属于确定无疑的违法。众所周知，计生执法实践长期乱象丛生，干部吃拿卡要尚属轻度，更甚者还有曝出恣意闯入居民家捉猪、牵牛、拿锅、挑粮等恶劣行径。但2001年人口与计划生育法将此前的"计划外生育费"明确更名为"社会抚养费"，则使这项费用的收缴完全脱逸出行政处罚法的规范范畴。

"孩子是自己抚养，却要向社会缴纳抚养费"的概念听起来颇为"滑稽"，但其背后却有理论支撑：个体的出生和成长必定会占据一定的公共资源，而理想状态下的人口数量与公共资源的配置间应符合一定比例。而社会抚养费在此理由支持下也成为"为调解自然资源的利用和保护环境，适当补偿政府的公共社会事业投入的经费，而对不符合法定条件生育子女的公民征收的费用"。尽管上述理论的说服力实在存疑，但"社会抚养费"的性质自此被明确地定位为"行政性收费"。

政策调整后还能否追溯此前的"违法行为"

既然属于行政性收费，而非行政处罚，那么对于此项费用的征收当然不再受制于行政处罚法所规定的处罚设定条件和征收程序（处罚法除规定了相对人常规的程序权利外，还特别规定对较大数额的罚款处罚，当事人可申请听证）的限制，也不受行政处罚法所规定的"违法行为在二年内未被发现的，不再给予行政处罚"的处罚时效的限制。从这个意义上说，即使是发生在两年前的计划外生育行为，计生行政部门同样有权征收社会抚养费。这一结论同样在1996年全国人大常委会法工委所作的《就社会抚养费征收时效等相关问题的复函》中获得确认："征收计划外生育费（即社会抚养费）不是罚款，不属于行政处罚法的调整范围。因此，行政处罚法有关时效的规定不适用于计划生育工作。"从这个意义上说，当地卫计委在三年后向刘某征收2015年生育二孩的社会抚养费，并未违反所有的时效问题。

另一关于认为此类征收违法的理由在于，国家的人口政策以及人口与计划生育法已经发生修改，而当旧法与新法发生冲突时，旧法要服从于新法；当事人也有权选择更有利于自身的法律，所谓"从新从轻原则"。但这一观点却忽视了行政执法的法律适用基准时问题。行政机关应根据相对人行为时的事实和法律状况作出决定，相应地，判断行政决定是否适法的基准时也是当时的事实和法律状况。在本案中，即使国家的人口政策已在2016年发生骤变逆转，计划外生育二孩的"违法行为"也在此后摇身变为"国家所鼓励的行为"，但依据相对人生育二孩时的法律，即以彼时仍在适用的旧人口与计划生育法以及《社会抚养费征收管理条例》来评价，相对人的行为确属违法，仍旧可向其追缴"社会抚养费"。此外，从新从轻都只是法律适用的一项子原则，并非绝对，如果用嗣后变更过的法律来评价之前的行为，也与法律适用的另一重要原则，即"法不溯及既往"相互背离。

行政执法的目的到底是什么？

行文至此，笔者仿佛都是为当地卫计委的决定的"合法"而背书。但如果我们对所谓合法／违法的认知和判断不只是拘泥于法律的简单规定，那么当地卫计局行为的合法正当问题就需要在另一维度上重新予以评价。

行政法治迄今已历经从"形式法治"到"实质法治"的巨变。这一转变要求行政不只是不违背法律或是严格依法执法，还要求行政每次发动权力时的出发点和最终考虑都应回归到"公民的权利保障"，即最大可能地促进公民基本权利的实现上。上述巨变产生的根本缘由在于：以德国为代表的"法治国家"在二战前因为过度追求法治的形式要素，忽略法治的实质内核而付出的惨痛代价。

我国同样将实行依法治国，建设法治国家作为基本方略。今天的行政法学理与实践已经普遍认同，即使相对人存在违法，在比例原则、信赖保护原则等现代行政法原则的作用下，行政执法也并非"必严"，针对违法也并非"必究"。相反，最小侵害，维续相对人对公权力的信赖、时时在公益和私益间权衡成为实质法治下对于行政的全新要求，也成为克服和纠正形式化执法的重要方式。

从这个意义上说，当地卫计局在形式上并不违法，但其违反的却是行政法治的实质要素和实质精神。在国家生育政策已经发生骤变的背景下，卫计局仍然对临界于政策变革之际的"违法生育行为"征收社会抚养费，显然对背后的当事人利益未予丝毫考虑，这种僵化执法的背后动因只是"为了执法"。当然，因为社会抚养费征收标准各地不一，征收之后的用途流向也疏于监管，卫计局如此仓促地征收是否还有其他私部门利益的考虑也让人生疑。此外，当地卫计局于2018年9月向刘某征收费用，但此时距离国家"普遍二孩"政策的施行已近三年，而在这期间当地卫计局也未对刘某采取任何行政举措，这些事实都足以让刘某产生对国家已承认其生育二孩行为已属合法，行政机关也不会再予追究的信赖。从这个意义上说，当地卫计局突然发出的征缴决定无疑严重伤害了公民对于国家公权力机关的信赖，这种信赖对于现代国家存续的重要性在此已经毋庸赘言。

在国家生育政策改变后，仍旧对此前的生育二孩行为征收社会抚养费的案件绝非仅此一例，最终诉诸法院的也绝非仅此一例。但与当地法院认可征收决定，并因此发出强制执行的裁定不同，很多地方的法院对此类案件，都依据"有利于当事人原则"而否认了征收决定的效力，更有很多地方的计生部门同样性地采取了对2016年前出生的二孩"既往不咎"的态度。这些"人性化举措"都让我们对法治行政的推行仍旧心存希望，也从反面映衬出以当地卫计局为代表的行政机关在执法时的偏狭、严苛和僵化。

良好行政与有温度的执法

可以预见的是，伴随新人口政策的逐渐推行，曾经备受诟病的"社会抚养费"不日也将寿终正寝。但以对抢生二孩予以惩戒的行政决定背后所暴露出的问题，却值得我们一想再想。如果说我们在法治建设的初期，对行政的要求还仅仅是停留于必须服膺于法律，必须受制于法律的话，那么在行政法治不断推行的现代国家，行政应达到的标准就应不仅是"依法"，而应该迈向"良好"。良好行政意味着这类行政应该是以个人权利的实现为导向和目标，手段更温和，态度更亲民。未来的行政也绝不应该是冰冷严苛的执法机器，而应该是有温度的执法。

"调剂孩子"已经构成犯罪

近日，一份落款为某地卫生健康局的《关于唐某英、邓某生信访事项不予受理告知书》在网络引发热议。

这份时间标注为2022年7月1日的告知书中明确说明，根据20世纪90年代全区计划生育工作严峻形势，严格执行"控制人口数量，提高人口素质"的政策，对违反计生法律法规和政策规定强行超生的子女中选择一个进行社会调剂，是县委、县政府根据当时区、市计划生育工作会议部署要求和全县严峻的计划生育工作形势需要做出的决定。据此，唐、邓两人超生的孩子"是由全县统一抱走进行社会调剂，不存在拐卖儿童的行为"，"当时被全县统一进行社会调剂的超生孩子去向，没留存任何记录"。

调剂孩子构成犯罪

上述通告引发众怒，尤其是那句"经核实，你们超生的孩子由全县统一抱走进行社会调剂"完全突破了一般的公众情感和道德底线，"孩子居然也能被当作商品和物资一样进行统一调剂"，成为公众对该县政府行为的最大诘问。如果事实真如该县卫生健康局所披露的那样，县委和县政府因计划生育工作需要就将超生的孩子从父母身边强行抱走进行社会调剂，那么涉事的行政机关及其工作人员的行为就不只是简单的行政违法，而已经构成犯罪。

中国的生育政策在过去四十年里已经发生了重大变化。曾经，为缓解人口压力，计划生育于1982年在中共十二大中被定为基本国策，同年被写进宪法，计生工作也由此进入全面普及的阶段。

但政策的推行和实施并不能突破法律的界限，这是政府行为的一般准则。也因为这一认识，过去计生工作中出现的对超生户扒房子、抢粮食等诸多极端行为，曝光后都遭遇广泛批评。同样也是为了遏制计生工作中屡次出现的违法行政，我国于2001年颁布《中华人民共和国人口与计划生育法》，其核心目的就是将计划生育这项基本国策的推行纳入法治轨道。

若情况属实，本案中出现的"将超生孩子统一抱走进行社会调剂"的做法，其恶劣程度已经远远超过了对超生户的房子、粮食等财产予以非法处置的限度。将孩子残忍地从父母身边夺走，并像物品一样调剂给他人，不仅挑战了基本的道德人伦，而且已经构成犯罪。无论是做出将超生孩子予以调剂决定的工作人员还是具体执行人员，都至少构成刑法中的滥用职权罪、拐骗儿童罪，甚至是拐卖儿童罪。

我国刑法第397条规定："国家机关工作人员滥用职权或者玩忽职守，致使公共财产、国家和人民利益遭受重大损失的，处三年以下有期徒刑或者拘役；情节特别严重的，处三年以上七年以下有期徒刑。"滥用职权罪的客观表现为：超越职权、擅自处理没有处理权限的事务；玩弄职权、随心所欲地对事项作出决定；故意不履行应当履行的职责；以权谋私、假公济私，不正确地履行职责。将超生孩子予以"社会调剂"绝不属于任何计生单位能够采取的合法措施范畴，该县县委和县政府为贯彻计划生育工作要求就擅自做出此类决定，毫无疑问超越了法定职权。滥用职权罪是结果犯，必须导致重大损失才能入罪，恶劣社会影响已经属于本罪所规定的"重大损失"。政府将孩子强行抱走转送（卖）他人，此类行为可说是对政府公信力的严重打击，社会影响极其恶劣。

倨傲的受理告知书

本案中，唐某英和邓某生最初信访的理由是认为政府工作人员或有拐卖儿童的行为，但在卫生健康局的答复中，却认为将超生孩子统一抱走进行社会调剂，不属于拐卖儿童。倨傲冷酷的姿态后不仅反映出政府工作人员对法律规范的无知，也充分示范了何为对个人尊严的漠视。

刑法中的拐卖妇女、儿童罪是以出卖为目的，拐骗、绑架、收买、贩卖、接送、中转妇女、儿童的行为。拐卖儿童要有出卖和获利的目的，这一点需要对当时工作人员的意图进行核实。但是，即使决策者和执行者将孩子调剂给他人并不具有出卖和获利的目的，单单是将不满十四周岁的未成年人拐走，使其脱离家庭或者监护人的，也已经构成了刑法第262条规定的拐骗儿童罪。我国刑法无论对拐卖儿童还是拐骗儿童都配置以相对严厉的惩戒，其原因就在于，此类行为已经将儿童彻底物化为可供买卖交易的对象，将儿童从亲生父母身边带走，不仅有违基本的道德人伦，也会给父母、孩子以及家庭带来无尽的悲剧，甚至彻底改写其人生。

如果说此案发生于三十年前，是因为彼时公职人员法治意识淡薄，制度监管不彰，但时间已经过去三十年，令公众难以接受的是，今日该县卫生健康局在列明上述事实后，仍旧未意识到这是违法行为，居然还在反复强调这一举措是为了贯彻控制人口数量、提高人口素质的计划生育政策，最后仍旧轻描淡写地指出："当时被全县统一进行社会调剂的超生孩子去向，没留存任何记录。"

每个孩子都是鲜活的生命，都寄托了父母无尽的爱和希望，那些被犯罪分子拐走的孩子，社会都还要穷尽一切力量寻找其下落，以圆父母子女骨肉团聚的愿望，工作人员又何以能够以"没留存任何记录"就将苦苦寻觅孩子三十多年的父母打发？这份倨傲冷酷的通告背后反映的是时隔三十年后地方工作人员仍旧对法律规范的无知，仍旧对个人尊严的极度漠视。这是这份通告令人细思极恐之处。

引发巨大舆情后，当地市政府新闻办公室2022年7月5日下午发布通告称，已派出由市纪委、市委组织部等相关部门组成的联合工作组到某地进行调查，且已责成某地对漠视群众诉求、行政不作为的县卫健局局长和分管副局长等人员进行停职检查。这种答复显然不能安抚那对父母，也不足以给公众以交代。

事件背后的基层执法生态

事件背后，隐隐透出某种基层行政执法的生态：基层地区的权力运行空间相对封闭，少数当权者目无法纪肆意妄为，工作人员法治意识又极其淡漠。这些都释放出惊人的破坏力，甚至延续至今。时至今日也唯有用实事求是的态度彻查三十年前的旧案，不仅仅是对责任人员进行追责，政府更要尽所有可能将那些被调剂的孩子的信息调查核实，让失散的孩子们都找到回家的路。

在接受记者采访时，母亲唐某英说，自己的心愿是能与孩子相认，告诉对方："不是我丢他的，不是我抛弃他的，不是我弄他出去，实在是人家强制的啊。"这几句话里饱含的伤痛，旁观者都能感同身受。希望有关部门能够真正体会普通父母最朴素的感情，能够通过嗣后的积极作为来弥补对为人父母的伤害，也挽回政府公信力的损失。生命不能被漠视，历史也不能被掩埋。尽管是起历史旧案，但其折射出的法治问题却引人深思。

执法的温度

仅有正确是不够的：
"抢孩案"后的公权信任危机

　　2018年"十一"长假期间最具轰动效应的新闻即属"某商场抢孩案"。[1] 在整整一周的时间内，有关"商场抢孩子只行政拘留5天"的新闻几乎刷爆了朋友圈。诸多育儿公众号也以此为标题大做文章，一方面提示父母对儿童拐骗严加提防，另一方面推波助澜地继续强化公安机关在本案中对"抢孩行为"的"恣意轻纵"形象。

　　"某商场抢孩案"所引发的强烈震撼，对于公众尤其是家有幼儿的父母们久未消退。事实上，此案背后涉及的法律问题众多，需要仔细予以梳理。在对这些问题进行梳理之前，先简单回顾下事件始末。

1　张香梅：《北京丰台抢孩子案细节：涉案人员认错儿媳误抢孩子》，载北京青年报，2018年10月7日，https://www.chinanews.com/sh/2018/10-07/8643557.shtml。

"抢孩案"事件始末

2018年10月2日，家住北京某区的李某妻子带着未满周岁的孩子去商场，竟然遭遇三名女子围堵，欲将其孩子从婴儿车中抢走，最终由于商场顾客众多，三名女子抢孩未果。而在接到群众报警后，当地派出所派员处理。在对涉嫌抢孩子的三人予以传唤询问后，由该区公安分局做出了行政拘留5日的行政处罚。

李某和其家人历经上述惊悚过程后认为，抢自己孩子的三名女子是有预谋、有组织的"拐卖儿童"组织，其行为已然构成了拐卖儿童的犯罪行为，理应移交刑事司法机关立案，该区公安分局竟以"行政拘留5日"草草处理，实属对恶性犯罪行为的"轻纵"。

李某将此经历以文章开篇提到的"商场抢孩子只行政拘留5日"为题转发至网上，迅即掀起轩然大波。如此明目张胆的"抢孩子"行为竟然发生在国庆期间的首都北京，发生在喧嚣繁华的商场，而与之对比，公安机关的处理又如此轻描淡写，这些要素都成为这一案件受到强烈关注的原因。

案件涉及的法理问题

撇开因儿童拐卖屡禁不止所引发的社会整体的不安全感不谈，本案所涉及的法律问题至少包含以下几个：其一，李某和其妻子认为涉案的三名女子的行为已经构成犯罪，要求公安机关予以刑事立案，但区公安分局并未刑事立案，而只是对三名女子予以行政拘留，该认定是否正确？李某和其妻子对此处理决定不服是否有权以及如何诉请救济？其二，该区公安分局以治安管理处罚法第23条第1款为依据，对"抢孩子"的三名女子做出的行政拘留5日的处罚究竟又是否妥当？其三，本案的后续发展是李某针对该区公安分局的处罚决定申请了行政复议，认为原处罚过轻，要求对涉案的三名女子加重处罚，李某是否具有主张该项诉求的法律资格，而其诉求又是否应予支持？

针对第一个问题。众所周知，法律责任从属性而言可区分为刑事责任、民事责任和行政责任。如果当事人的行为只是行政违法，即违反了行政管理法律规范，其应承担的是行政责任，例如本案中的行政拘留就是根据治安管理处罚法追究的行政责任；但当事人的行为如果已经构成犯罪，就要移交刑事司法机关，依照刑事诉讼程序追究其刑事责任。

行政违法和犯罪或许在行为外观上有相近和重合，但认定标准和归责要件却各有不同。在本案中，三名女子的行为虽然对李某及其家人产生极大惊扰，而且从行为外观上似乎确属我国刑法第240条所规定的"拐骗、绑架、收买、贩卖、接送、中转妇女、儿童"的"拐卖妇女、儿童罪"，但要符合此罪的定罪标准，还需具备"以出卖为目的"的主观故意。而经该区公安分局调查，抢孩子的"主犯"沙某是因儿子儿媳关系不睦，孙子由儿媳在北京单独抚养而滋生出去北京抢回孙子的想法。而在商场发生的那一幕也是因沙某将李某的妻子误认为"儿媳"后所发生的"乌龙事件"。既然主观恶意不存在，自然不符合该罪的犯罪构成，沙某与作为其帮手的另外两人的行为也就不构成"拐骗妇女、儿童罪"。

但本案中的李某对公安机关的认定并不认可，认为该区公安分局未予刑事立案的行为属于明显的不作为和轻纵，于是开始寻求法律救济。此时首先涉及的是，李某对于该区公安分局未予刑事立案的行为如何救济的问题。这一问题所关涉的背景又包括公安机关兼具刑事司法机关和行政机关的双重身份，其刑事司法行为和行政行为也因此分别由刑事诉讼法和行政诉讼法所调整。未予刑事立案的行为显然属于刑事司法行为，只能根据刑事诉讼法予以救济，而不能提起行政诉讼。2000年的《最高人民法院关于执行〈中华人民共和国行政诉讼法〉若干问题的解释》，就已经将"公安机关的刑事司法行为"排除在行政诉讼的受案范围之外。这一规定也被2018年的新行诉法解释所吸收。据此，对公安机关不予立案的行为，李某及其妻子只能依据刑事诉讼法向检察院提出，由检察院对公安机关的行为是否失当予以监督和纠正。

针对第二个问题。该区公安分局在对沙某等人做出不予刑事立案的决定后，认为其行为虽不构成犯罪，但已属行政违法，遂根据治安管理处罚法第23条第1款，"扰乱机关、团体、企业、事业单位秩序，致使工作、生产、营业、医疗、教学、科研不能正常进行，尚未造成严重损失的"，予以行政拘留5日的处罚。此处要分析这一行政处罚的妥当性。公安机关对沙某予以行政处罚的首要原因在于：行政违法的确认原则上是不须识别当事人是否有主观故意或是过失的，而是以客观效果为判断基准。但即使以客观效果为判断基准，该区公安分局将沙某等人的行为定性为"扰乱公共秩序"，此处的法律适用是否妥当仍有很大的讨论空间。

在李某披露的消息内容以及公安机关嗣后进行的案情通报中，似乎都未强调沙某等人的"抢孩子"行为给事发地的某商场的经营秩序造成"任何影响",也未有信息显示因此事件的发生,该商场的经营秩序"不能正常进行",唯一跟行为发生地有关的信息是因为商场顾客众多,李某妻子在大声呼救后,马上就有群众围观,且在沙某等人离开后协助报警。因此,沙某等人在本案中所侵犯的首要法益并非商场的"经营秩序",而是李某孩子的人身权益。

但如果我们仔细观察下实践中公安机关对"扰乱公共秩序"罚则的适用,就会发现其中的粗放乖戾,诸多在公共场所发生的似有"可罚性"的行为,最后都被纳入"扰乱公共秩序",而这一条的原则性规定也确为容纳这些可罚性行为提供了相当空间。本案中的法律适用恐怕也是这样的思考路径:沙某等人的行为虽不构成犯罪,但造成当事人惊恐,引发人群聚集,确有"可罚性",但在法律适用的选择上,因为无法精准归入"侵犯他人人身权、财产权"的具体罚则中,于是就由治安管理处罚法第23条第1款的"扰乱公共秩序"来兜底,这种适用逻辑需要为我们所省察。法律适用不应掺杂行政便利的考虑,而应尽可能地与规范的构成要件互相涵摄,彼此相符,否则就不会产生当事人对公权机关及其决定的理解和接受问题。

针对第三个问题。李某作为一名孩子被抢、惊惧和愤怒难抑的父亲,认为该区公安分局仅对沙某等人进行5日行政拘留(沙某因身体原因根据治安管理处罚法和警察法的规定,最后并未执行行政拘留的处罚)的处罚不服,要求对沙某等人加重处罚。其感情可以理解,但在法律上他是否拥有此项请求权同样要诉诸法律规范。行政诉讼法和《最高人民法院关于执行〈中华人民共和国行政诉讼法〉若干问题的解释》虽然概略地肯定了受害人的原告资格，即"要求行政机关追究加害人法律责任的"受害人，可作为原告提起行政诉讼。但这种概观规定在近年的审判实践和学理研究中开始逐渐获得更细致的阐释。

在治安处罚中，因为公安机关垄断了惩处违法行为人的公权力，因此，如果受害人向公安机关报案，公安机关未予任何答复和处理，基于公法上的"不足禁止"，受害人当然有权对公安机关的不作为申请行政复议或是提起行政诉讼；但如果受害人的诉求是要求加重处罚，可能就无法概观地认可其诉权。原因是公安机关对如何处罚加害人拥有法律所赋予的裁量权，只要其并未逾越裁量界限，构成裁量瑕疵，公安机关的行政判断就会而且也应被法院所尊重认可。

案件背后的公权信任危机

因为涉及刑事与行政的交叉重合、涉及行政责任与刑事责任的标准各异、涉及法律规范的解释适用、涉及受害人的法律权益的保障与限制，"某商场抢孩案"背后的法理问题并不能简单地归纳为公安局的决定是否属于"轻纵"，而需要更客观审慎地分析。但法律问题还可诉诸规范和学理抽丝剥茧、逐一明晰，案件所折射出的公权信任危机却无法轻易得到化解。

"某商场抢孩案"中，因为公安机关并未如当事人所愿对加害人追究刑事责任，当事人李某迅即联想"公安机关可能与拐卖儿童团伙互相勾结"，甚至笃信主管派出所所长是为了避免自己的辖区在国庆期间出事，而选择"大事化小，小事化了"。当李某将此臆测与事件过程一并发至网上时，上述臆测同样获得诸多网友广泛认同，"某商场抢孩案"中的公安机关也因此成为"和稀泥式执法"的又一典型。北京警方为应对上述风波而于10月5日宣布对案件进行复核，并在10月6日详尽通报了案情经过，但这些应对机制似乎都很难彻底消除公众的猜忌疑虑。

"某商场抢孩案"只是当下诸多典型案例中的一则，在这些案例中，公众似乎都宁愿相信案件确有猫腻，也不愿怀疑警察是否"背锅"。究其原因，除了在于数据化时代，当事人可便捷地使用所有自媒体渠道发布消息，先入为主地主导公众认知和情绪外，恐怕还有社会整体对于公权信任的渐次流失。这种流失屡屡导致国家机关即使嗣后积极进行舆情应对，却无法真正克服信任危机。而造成这种信任危机的很大原因又在于，现代行政任务日趋复杂，行政机关已经无法只是通过"遵守法律，保证其实体决定的正确"就能为自身贴上"正当"的标签。

在现代行政下，不仅行政职能已无法仅通过行政机关强制性、单方性的高权命令就能够达成，行政决定本身的可接受性和正当性也不再只是依赖其实体是否正确，而在于其做出程序是否公开透明，行政机关在此过程中是否进行了充分说理，各方主体是否都适宜地表达了自己的意见和诉求。这些原本在传统行政中只具有"辅助功能"的程序问题，此时都变得格外重要，甚至从根本上决定了行政决定本身的正当性。

本案中，公安机关是否充分关注了上述程序问题不得而知，但从李某事后的表述来看，公安机关在对沙某等人予以行政拘留处罚时，似乎并未对作为受害人的李某及其亲属予以充分的理由说明，在对沙某等人进行行政处罚时也仅将其行为归为"扰乱公共秩序"，而未对受害人权益在案件处理过程中予以考虑权衡，更不用说在行政决定中予以详尽解释。上述因素当然会引发当事人猜疑，公安机关是否因与犯罪团伙勾结或不愿承担行政责任，而选择对违法行为予以轻纵。

对行政决定的理解、接受是对行政机关产生信赖的起点，这也警醒公权机关在未来的执法中，除了要确保活动在法律的框架内，恐怕还要放下身段，充分地履行一些软性的程序规则，尤其是及时和充分的事实告知，认真和全面的理由说明，由此才能使实体正确的行政决定同样获得可接受性、可理解性与可信赖性。个体对国家的信赖是现代国家赖以存立的重要基础，也是现代法律中被特别强调和保护的价值，而这种信赖的产生又建立在公权机关在诸多个案处理中的客观立场、友善姿态的经年累积。这来之不易的信赖值得被真正珍视。

高铁掌掴案："以暴制暴"的法律立场

2023年发生的高铁掌掴事件，以某铁路公安发布通告和完整视频被曝出为节点，出现了前后两个版本。

两个版本，两种叙事

在最初的版本中，一个坐在前排的女生王某某因后座的三个小孩不断嬉闹且撞到其椅背而回头制止，但孩子妈妈杨某某却称女孩不该吼孩子，双方遂发生激烈口角。在争执中，杨某某由后侧用手背击打了王某某脸部，王某某转身掌掴还击。某铁路公安局在针对王某某的行政处罚决定书认定的事实是："违法行为人王某某因座位背后小孩吵闹，与小孩家长杨某某发生争吵，进而互相用手殴打对方。"在认定为互殴后，某铁路公安局对王某某处以200元罚款，对孩子家长杨某某处以500元罚款。

上述版本的故事加上公安机关认定为"互殴"且各打五十大板的处理一经曝光就引发众议。网友几乎一边倒地认为，家长不管教好自己的孩子导致其在公共场所侵扰他人已属有错在先，在孩子被训斥后仍旧不依不饶甚至先出手打人更彻底坐实"熊家长"，此时对方还击明显属于正当防卫，这一点即便不诉诸正当防卫的学理分析，只是依赖朴素法感也毫无问题。

也因为舆情喧嚣，5月10日某铁路公安处又发布时间详尽到秒的警情通报，描述事实如下。

5月2日19时59分，旅客杨某某（女）一行（其中儿童3人）从L站乘坐C6276次列车前往J站。同日20时24分，旅客王某某（女）从M站乘坐同次列车前往C站，坐在杨某某前排位置。

20时27分，王某某站起转身制止后排儿童吵闹，继而与其发生争吵，杨某某同行人首先辱骂王某某，王某某进行回骂。

20时28分、29分，列车安全员、列车长先后赶到现场进行劝阻和调解。其间，杨某某同行人使用手机拍摄王某某，王某某用手机拍摄杨某某及同行儿童。

20时34分46秒，当王某某再次辱骂杨某某时，杨某某用右手手背挥打王某某面部一次。

20时34分50秒，王某某起身用左手手掌击打杨某某面部一次。

之后，在列车长和周边旅客劝阻过程中，20时34分57秒，王某某用右手手掌再次击打杨某某面部一次。

详尽的事实描述再配上完整视频，似乎令故事发生了反转，网友的评价也呈现两极。之前支持王某某的相当一部分人改变了看法，认为她在事件中同样存在过错，其行为不仅属于互殴甚至有防卫挑拨之嫌，理由又主要基于以下几点：其一，王某某在第一次掌掴回击后，时隔7秒又再次掌掴杨某某。很多人据此认为，第一次如果可以认定为正当防卫，那扇第二次就明显不再属于防卫范围。其二，视频中的王某某并非想象中那么无辜可怜，在整个争吵过程中，她不仅同样口出恶语，还一直试图拿手机拍摄杨某某及其孩子。此前戴在王某某头上的"拒不和解，一定要让熊家长领受教训的"正义光环坍塌为网友口中的"也不是什么善茬儿"。

另一种选择和治安管理处罚的特性

警情通报和完整视频出来后，法律界的同仁反复讨论过多次，意见并不统一，足见很小的行政处罚案件依旧有很大的学理争论空间。

我最初的想法是回避对互殴还是正当防卫的区分难题，认为铁路公安可直接依据治安管理处罚法第23条："有下列行为之一的，处警告或者二百元以下罚款；情况较重的，处五日以上十日以下拘留，可以并处五百元以下罚款；……（三）扰乱公共汽车、电车、火车、船舶、航空器或者其他公共交通工具上的秩序的"，对王某某和杨某某予以行政处罚。毕竟，他们持续十几分钟的争吵打闹已严重影响高铁秩序且给其他乘客造成滋扰。而且相比王某某和杨某某各自所受的人身权伤害，本案对公共秩序的影响显然更大。

这可能不失为一种选择，但我转而再想，这种裁断其实并未区分出在此次掌掴案中当事人各方的责任大小，也无法甄别出个案中的正当防卫和互殴。因此，即使有意见分歧，我们还是有再次分析掌掴还击是否属于正当防卫的必要。

在论及正当防卫之前，首先需澄清的是，即使是在治安管理处罚中，也同样存在正当防卫、紧急避险等违法性阻却事由的适用。2007年1月8日发布的《公安机关执行〈中华人民共和国治安管理处罚法〉有关问题的解释（二）》就规定："为了免受正在进行的违反治安管理行为的侵害而采取的制止违法侵害行为，不属于违反治安管理行为。但对事先挑拨、故意挑逗他人对自己进行侵害，然后以制止违法侵害为名对他人加以侵害的行为，以及互相斗殴的行为，应当予以治安管理处罚。"

亦有疑问称，在行政处罚中考虑违法性阻却事由是否要与刑罚有所区别，是否应给予公共秩序以更高权重？而且导致行政处罚的违法行为在情节上较刑事违法更轻，相应地，在考虑当事人的回击是否属于正当防卫时是否也应更加严格？但这种论断并不成立。从历史源流来看，我国的治安管理处罚来自此前的违警罚法，即类似于轻罪。尽管关于行政处罚和刑罚有所谓质的区别说、量的区别说以及质量区别说之分，但就应予治安处罚的违法行为而言，因其在行为样态和要件构成上与刑事违法存在大量重合，实践中更会产生大量行刑衔接和交叉问题，因此不应认为正当防卫的认定在此应有不同。当然，不同行为可能对当事人所造成的紧迫感和紧张心理是在确定正当防卫时应当权衡的因素。

掌掴回击两次还是正当防卫吗？

根据刑法老师的形象描述，刑法上的正当防卫是"以正对不正"，其前提是自己或他人的人身、财产或其他权利正在遭遇不法侵害，为免受侵害而采取制止行为；互殴是"以不正对不正"，双方都有伤害他人的故意，且在此种意图下都积极实施了互相侵害的行为。但实践中区分正当防卫和互殴并不容易，也因为不易，很多时候司法机关就更倾向于将互相侵害直接认定为互殴，由此可能导致"互殴的泛化"。

为澄清二者区别，并在具体个案中尽量分清是非曲直，最高人民法院、最高人民检察院和公安部在2020年发布《关于依法适用正当防卫制度的指导意见》（以下简称《指导意见》）中称："因琐事发生争执，双方均不能保持克制而引发打斗，对于有过错的一方先动手且手段明显过激，或者一方先动手，在对方努力避免冲突的情况下仍继续侵害的，还击一方的行为一般应认定为防卫行为。"

依此标准来看，尽管王某某并非公众之前想象的那样无辜可怜，但不争的事实却是：掌掴案的起因是杨某某的孩子踢椅背干扰他人引发，杨某某又动手在先，同行的人也辱骂王某某在先。王某某回骂并第一次掌掴回击，按照上述《指导意见》应被认为正当防卫。此处争议的是第二次掌掴。根据视频和通报，第二次掌掴距离第一次间隔有7秒，那么7秒后再扇的这下还能被认定为正当防卫的延续吗？

上述《指导意见》在规定正当防卫的时间条件时认为："正当防卫必须是针对正在进行的不法侵害，对于不法侵害已经形成现实、紧迫危险的，应当认定为不法侵害已经开始；对于不法侵害虽然暂时中断或者被暂时制止，但不法侵害人仍有继续实施侵害的现实可能性的，应当认定为不法侵害仍在进行……对于不法侵害是已经开始或者结束，应当立足防卫人在防卫时所处情境，按照社会公众的一般认知，依法做出合乎情理的判断，不能苛求防卫人。"由此来看，在判断不法侵害是否已经结束时，《指导意见》强调的是必须站在一般人立场，从普罗大众的角度来看不法侵害是否已经结束，而不能按照理性人的事后标准，即要"防止在事后以正常情况下冷静理性、客观精确的标准去评判防卫人"。

很多人都认为，王某某回击的第一下可说已经制止了不法侵害，时隔7秒后再次回击就属再次激化矛盾。但与第一次掌掴回击一样，此处同样需要代入王某某彼时所处的情境进行判断，而非站在事后角度开启上帝视角。通报显示，陪伴杨某某共同乘车的还有一名成年男性，这名成年男性虽未直接参与殴打，却在王某某呵斥孩子后就一直在辱骂王某某，这当然会持续造成王某某恐慌、紧张的心理，也应成为考虑不法侵害是否已消除的因素。

而证明不法侵害一直持续的另一证据是，王某某在连续两次掌掴杨某某后，杨某某仍试图拿起手边的水壶砸向王某某还击，但最终放弃。如果以《指导意见》所称的"综合考虑案件发生的整体经过"这种整体观念来评价王某某和杨某某的行为，那么此次打斗结束的时点就并非通报所写的"20时34分57秒，王某某用右手手掌再次击打杨某某面部一次"的这个时间，而是杨某某拿起水壶又最终放下的那个时间。若以之后的时间为准且采取一种整体防卫的观念，将王某某第二次掌掴回击作为正当防卫的延续也似乎并无问题。而认为杨某某只打了一次，王某某回击时也只能打还一次的看法，无疑会导致正当防卫的僵化适用。

但需注意的另一个细节是，警情通报称"20时34分50秒，王某某起身用左手手掌击打杨某某面部一次。之后，在列车长和周边旅客劝阻过程中，20时34分57秒，王某某用右手手掌再次击打杨某某面部一次"，此处写入"在列车长和周边旅客劝阻过程中"，似乎在说明，因有外力介入尤其是列车工作人员的干预，不法侵害已经结束，王某某再次掌掴杨某某已不再属于防卫必要。但再看通报和视频会发现，在杨某某先动手打人之前，20时28分、29分，列车安全员、列车长就已先后赶到现场进行劝阻和调解，但外力的调解和介入并没有形成对杨某某的有效震慑进而抑制其打人的举动。基于对等原则，是否也不能认为在考虑王某某回击的责任时，仅因列车员在场且有乘客劝阻，她在主观上就应认为不法侵害已经结束？

回骂和还击就该负法律责任吗？

本案发生反转以至于很多人转而支持杨某某的另一原因在于，王某某不仅在被击打面部后回击时多扇了一巴掌，而且还吼了杨某某的孩子，并且同样全程回骂不停。

生活中因琐事与他人发生纠纷，如果可以选择隐忍克制息事宁人当然最好，但仅因为被骂后回骂，被打后回打，被用手机拍摄图像后再以同样方式反制，就认为对方不再是无辜可怜的受害人，"不是什么善茬儿"，就同样应承担法律责任，似乎也是对个人的极高要求。这种要求受害人必须完美无瑕的逻辑，其实又与将性侵的部分责任归咎为女生穿着暴露，将性骚扰的部分责任归咎为被骚扰者未明确拒绝反而被动迎合没什么本质区别。

再仔细回看整段视频，虽然打人者杨某某最初并未辱骂王某某，但其同行的男士在王某某制止孩子踢椅背后就开始用方言骂其是"瓜婆娘"，王某某回骂也是在被骂之后。而杨某某在王某某已经坐下不愿再起争执后，依旧大声呵斥要求其给自己的孩子道歉，不道歉就绝不罢休。这时还要求王某某保持克制不口吐恶语，似乎也是强人所难。

另外，支持杨某某的人所持的一种观念大概跟杨某某的认知相同，就是我自己的孩子我可以管，但容不得别人来管；成年人之间互骂或互殴都没有问题，但绝不能殃及孩子。父母袒护孩子自然是天性，但高铁已经属于公共空间，在孩子干扰到他人时，没有理由认为对方就应该如孩子父母一般容忍体谅，而不能出言呵斥。在孩子开始嬉闹踢打时，理性的父母就应主动提醒孩子不要干扰他人，而不是被动遇到提醒后反而迁怒于他人，对亲情的认同并不能绝对高于对正义和秩序的认同。

视频中杨某某一直大声喊叫，认为王某某呵斥自己孩子的行为给孩子的心理造成伤害，但同样作为未成年人的妈妈，看到这段视频后我的感受却是，一个母亲在遇事后不断激化矛盾，并且首先动手打人，这难道就不是对孩子心灵的伤害吗？这种不良示范所导致的问题恐怕并不比孩子被陌生人呵斥要来得小。

私力救济还是公力救济？

当然，要求某铁路公安局在此案中对每一次还击都明确做出属于正当防卫还是互殴的认定，并清晰给出行为提示，似乎也是一种苛求。因为一旦要"立足防卫人在防卫时所处情境，并做出合乎情理的判断"，可能就会产生不同的结论，正如在评价高铁掌掴案时，可能每个人都有自己的认知和情感代入，也会因此得出差异性的判断。

而且，互殴还是正当防卫的界限之所以引发大众和学界讨论，其背后涉及的又是自力救济还是公力救济的立场选择。很多人反对将此案归入正当防卫的原因也在于，其会鼓励公众遇到纠纷选择私力救济，而现代法律都明确地否定暴力，否定"以暴制暴"。其原因在于，以公力救济为主而非私力救济的目的就是降低和防御人与人之间的冲突和伤害。

事实上在很多案件中，被打后还手只是因为委屈和愤怒等报复情绪，而并非出于排除不法侵害的考虑。因此，将本案界定为正当防卫的意见可能会给公众带来一种错误的导向，即在公共场合只要被打被骂就应该打回去骂回去，以致放纵个人在面对并不紧迫的危险时直接选择自力救济、以暴制暴，而不利于社会的安稳和良善。

讨论至此，高铁掌掴案似乎更趋复杂了。而这也恰恰映射出法律本身的复杂。在遭遇侵害时要求行为人隐忍克制，只有在极其例外的情况下才承认正当防卫的合法和必要，无疑会损害当事人权利，也不利于鼓励见义勇为和弘扬正义；但放宽对正当防卫的认定又的确会鼓励和纵容当事人出于报复就"以暴制暴"，从而给社会安定带来隐患。

面对纠纷，不同的视角会得出不同的结论。而法律——无论是立法还是执法，需要做的是在诸多的利益和立场中进行权衡与选择，以便定分止争，予人心以慰藉，予社会以安宁。

任何人的死都应被认真对待

货车司机金某某在途经某地超限检查站时，因车上的某定位装置掉线，他无法证明自己没有疲劳驾驶，而被执法人员处以扣车、罚款2000元处罚。因不能接受该处罚又沟通无果，金某某最终服农药自杀。司机的死亡让人痛心，此案也引发诸多讨论。这些讨论主要聚焦于科技革新和技术应用所引发的个人操控和人格贬损，尚未涉及法律问题。事实上，此案所涉及的法律问题不少，这些问题放在数据时代背景下同样值得深思。

某品牌定位装置掉线案的基本事实

讨论此案时首先须回到案件涉及的某品牌定位装置掉线的基本事实。该定位装置即"某品牌的卫星定位记录仪"，是货车必须安装的设备。这项技术设备的安装依据在于交通运输部于2012年年底下发的《交通运输部关于加快推进"重点运输过程监控管理服务示范系统工程"实施工作的通知》（以下简称《通知》），该

《通知》明确要求，自2013年1月1日起，包括江苏、安徽、河北、陕西、山东、湖南、宁夏、贵州、天津等示范省份所用的旅游包车、大客车、危险品运输车辆需要更新车载终端的，都应安装该定位装置。所有新进入示范省份运输市场的以上三类车辆及重型载货汽车和半挂牵引车，在车辆出厂前应安装该定位装置。未按规定安装或加装的车辆，不予核发或审验道路运输证。

该《通知》其实是为交通运输部2014年颁布的《道路运输车辆动态管理办法》(以下简称《办法》)进行铺垫。此《办法》明确规定了"道路运输车辆动态监督管理应当遵循企业监控、政府监管、联网联控的原则"，也申明，"道路运输经营者应当选购安装符合标准的卫星定位装置的车辆，并接入符合要求的监控平台"。又根据此项《办法》的第24条，安装卫星定位装置的目的在于"监控超速行驶和疲劳行驶""核定运营线路、区域及夜间行驶时间"。监控疲劳行驶则通过在卫星定位系统设置限值的方式进行。

从《办法》规定来看，交通运输部门要求司机安装卫星定位装置的目的无可指摘，此种技术设备的使用是数据时代下技术治理的反映，也在很大程度上提升了交通运输部门对道路运输车辆监管的即时性和有效性。但从2012年交通运输部的《通知》要求中，我们却能发现与相关法制的抵牾之处。

行政许可法规定："法规、规章对实施上位法设定的行政许可作出的具体规定，不得增设行政许可；对行政许可条件作出的具体规定，不得增设违反上位法的其他条件。"要求必须安装某个品牌的车载终端，否则即不予核发和审验道路运输证，已经有违法增设许可条件之嫌。况且做此规定的交通运输部《通知》在法律属性上仅属于其他规范性文件，根据行政许可法的规定，这些规范性文件更是既不得设定行政许可，也不能增加许可条件。由此，交通运输部门强制要求货车安装某品牌定位系统的做法，已经存在依据不合法的问题。

在金某某自杀离世后，有关该品牌定位系统频现故障的讯息被更多地曝出，联系交通运输部出台的上述规定，也就不难理解为何网络上会出现"这个定位系统究竟是被什么承包商设计的？到底是谁负责维护和提高使用体验"的质问。与此相关的是，各地交通运输部门在执行上述规定时，都在不同程度上向道路运输经营者收取了安装费用，这些安装费用标准不一，最终都由货车司机自己承担。此外，因为系统安装还关涉道路运输证的年检，所以除安装费用外，各地货车司机每年同样须缴纳标准各异的服务费，个别地方甚至要求货车司机除了安装费、服务费外，还需缴纳系统使用的培训费。

杂乱繁多的收费项目不仅增加了货车司机的运营成本，也使这种技术设备的投入使用很容易就异化为系统运营商敛财的工具。系统运营商在收取上述费用后也应尽到充分的技术检测和系统维护义务，而不能将维护事宜全部交由司机承担。如果跟公共管理相互捆绑就随意定价且不再履行维护义务，不仅有悖市场原理，亦与公共服务的理念不符。

本案中的处罚依据与具体适用

再回到本案中金姓司机所遭遇的具体处罚。某地超限检查站对其进行处罚的事实依据在于，该司机在途经检查站时，车上的定位系统已经掉线，行政执法人员无法再借助系统判断金姓司机是否存在超速驾驶和疲劳行驶的问题。执法人员据此认定金姓司机存在交通运输部《道路运输车辆动态监督管理办法》（2016年版）第38条所列举的，"（一）破坏卫星定位装置以及恶意人为干扰、屏蔽卫星定位装置信号的；（二）伪造、篡改、删除车辆动态监控数据的"，并依照该条直接对其处以2000元罚款。

但《道路运输车辆动态监督管理办法》（2016年版）涉及法律责任的条款同时包括第37条、38条。其中第37条规定："道路运输经营者使用卫星定位装置出现故障不能保持在线的运输车辆从事经营活动的，由县级以上道路运输管理机构责令改正。拒不改正的，处800元罚款。"第38条规定："违反本办法的规定，有以下情形之一的，由县级以上道路运输管理机构责令改正，处2000元以上5000元以下罚款：（一）破坏卫星定位装置以及恶意人为干扰、屏蔽卫星定位装置信号的；（二）伪造、篡改、删除车辆动态监控数据的。"从法条的逻辑顺序来看，二者在适用上应为递进关系。在道路运输经营者使用卫星定位装置出现故障不能保持在线时，首先是由道路运输管理机构责令其改正，拒不改正的处以800元罚款；唯有发现道路运输经营者破坏卫星定位装置的，才会对其处以2000元以上5000元以下罚款。但本案的法律适用却完全未体现此种递进关系，也完全未考虑上述不同法律处置的适用前提，执法机关在发现定位系统掉线后，并未确认掉线是因为系统故障还是人为干扰，就越过第37条而选择直接适用更严厉的第38条进行处罚。本案也因此存在着明显的法律适用错误。

电子处罚的法律规制

本案的另一关键点在于，交通运输部门是借助电子技术对货车司机进行监管，而处罚的事实依据也源于电子技术设备所提供的数据。借助电子技术和设备进行执法在行政实践中已不在少数，此类行为在学理上也被归纳为"电子行政行为"。

电子行政行为有半自动和全自动之分。前者是借助电子技术和设备进行证据采集，而后者则是行政机关完全依靠电子技术和设备，根据事先设定的算法和程序，从行政程序开启直到结束全部过程都完全排除人工作用。较为常见的电子行政行为多为半自动化行为，而我国目前有关电子化行政行为的规定也多集聚于此类行为。据此，交通运输部门借助系统来进行事实认定和证据收集，进而做出行政处罚同样属于此类半自动化行政行为。只是与其他典型的半自动化行政行为不同，本案中系统掉线实际上是通过反向方式为行政处罚的做出提供了事实证明。

电子行政行为改变了传统行政行为的做出步骤，也会引发法律规制的难题。行政处罚法第41条中借由对电子技术监控设备的设定和使用规范，已提示出自动化行政行为的基本要求，具体包括：其一，行政机关应确保电子技术设备符合法制审核和技术标准；其二，对于电子技术监控设备所采集的证据，行政机关仍须进行审核以验证该记录是否真实、清晰、完整、准确，换言之，行政机关的调查义务并不能因为电子技术设备的使用而被彻底免除；其三，即使行政机关使用电子设备进行执法，仍须确保当事人的程序权利，尤其是不得剥夺或变相限制当事人享有的陈述、申辩权。

参照行政处罚法的上述指示就会发现，超限检查站在发现金姓司机车上的定位系统掉线，就对其予以2000元的行政处罚，至少在如下方面都存在问题。

其一，行政机关仅因车内定位系统掉线，就直接推定驾驶员存在恶意破坏卫星装置系统的行为，在此过程中再未尽任何调查义务，系统掉线在此成为处罚的唯一事实依据。

其二，行政机关在使用电子设备后，将确保设备安全的责任全部交由道路运营者承担，完全未尽到行政处罚法所要求的应对电子设备进行实时技术检测的义务。此案曝出后，诸多司机都反映，定位装置掉线问题时有发生，这在货车营运行业几乎人人皆知，货车司机向行政执法人员反映的应该也不在少数，但无论是行使监管职责的行政机关还是系统运营商都对此未予重视。

其三，行政过程的电子化不能以当事人程序权利的剥夺或缩减为代价。又据诸多卡车司机在案件发生后曝出的信息，交通执法人员仅因车内系统掉线就径直处罚，几乎成为本行业执法的惯常做法。至于系统掉线究竟是因为系统自身故障，抑或是司机未遵守强制休息规定，还是司机在临近限值时正巧处于拥堵路段或危险路段而无法停车等，这些背后原因行政执法机关不予调查，当事人提出反驳后也不会被行政机关认真考虑，个案差异和当事人权利在面对电子设备系统时被无情吞噬。

其四，为避免处罚的泛化，新修订后的行政处罚法特意纳入了主观责任的要求，规定"当事人有证据足以证明没有主观过错的，不予行政处罚"，由此行政处罚惩罚的不再只是当事人行为的客观违法，而是其主观的可责性。本案中，金某某是从当地载货出发，行经当地某检查站时尚未开出25千米，这一事实轻易就可证明，其不可能存在超过4小时的疲劳驾驶行为，也不可能为掩盖疲劳驾驶的事实而恶意破坏电子定位系统。但金某某主观上并无可责性的显见事实却未成为处罚被推翻的合理理由，行政机关在此考虑的仍旧是表象的客观事实。

警惕技术蜕变为另一种权力

借助电子设备来进行行政执法的确能够提高行政效能、纾解执法压力，但与此同时也给行政过程带来挑战。传统行政行为要求行政机关必须履行充分的调查职责，在事实清楚的基础上才能做出行政行为，但机器的全自动化处理却意味着对调查过程的模块化处理，行政机关的个案调查义务由此在很大程度上被削减甚至免除。

除行政机关自我调查义务的免除和当事人程序权利的缩减外，自动化行政带来的还有行政裁量的明显懈怠。现代行政机关普遍拥有广泛的裁量权，其原因就在于法律通过赋予行政以一定的弹性空间，允许其也要求其在具体个案中进行情况判断和利益权衡，以此来服务于个案正义。但在使用电子技术设备进行证据收集和规制管控后，行政机关却倾向于无视个案的具体差异，而采取整齐划一的标准化处理。除处罚决定本身涉嫌违法外，本案集中反映的正是这一问题。只要在途经该检查站时卡车被发现系统并未在线，司机就会被认定为破坏监控系统，从而被进行高额处罚，执法人员如此简单粗暴的处理方式完全未落实立法的个案裁量要求，也完全未在个案中进行合义务性裁量。技术系统成为行政执法的唯一标尺，执法变得再无温度，相对人也经此处理而被彻底工具化，彻底沦为由技术系统所操控的行政管理的纯粹客体。

裁量懈怠本质上所反映的是对人性的漠视，这种漠视同样出现在系统的程序设定中。卫星定位系统设置的疲劳驾驶的限值是："客运驾驶员24小时累计驾驶时间原则上不超过8小时，日间连续驾驶不超过4小时，夜间连续驾驶不超过2小时，每次停车休息时间不少于20分钟，客运车辆夜间行驶速度不得超过日间限速80%的要求。"

程序设计的初衷是为了防止司机疲劳驾驶和危险驾驶，但这种标准化设定却并未考虑货车行驶中可能出现的突发状况和差异问题，这其中就包括道路拥堵，或是货车行驶在特殊的危险路段，中途完全没有休息站，或是服务区因车辆饱和而禁止大货车进入等。这些问题成为货车司机在被强制安装定位系统后常常遭遇的困境，不断反映后也未能引发足够的重视，更未能激发行政机关和运营商对系统设定予以改进或革新。

原本应造福于公共行政、服务于个人的技术系统，在此成为绑缚、约束个人的工具；原本通过定位监控来提升驾驶安全，强化监管效能的治理举措，在此也被异化为简单粗暴的管控工具，相对人则被困在技术系统中无法言说也无力反抗。技术在此蜕变为另一种新兴"权力"。

任何人的死都应该被认真对待

在临终前发给同行好友的遗言中，金某某写道："今年51岁干运输10年了不但没挣到多少钱，反落下了一身病，三高，心脏也坏了，面对这样的身体也得坚持工作。今天在超限站被抓说我北斗掉线，罚款2000元，请问我们一个司机怎么会知道，我感觉到我也快活不长了，所以我用我的死来唤醒领导对这个事情的重示（视）。"

金某某想用自己的死来唤起行政系统对此问题的觉察，也尝试通过死来向强大的技术系统做出回击。这种行为看似过激，但我们这些身处于系统之外，并未有切身之痛的人又如何能够体会困顿其中的无力和挣扎？

日本作家村上春树的父亲曾在二战中参与了侵华战争。回到日本后每天清晨，村上父亲都会对着佛龛深深祷告。村上曾问他是在为谁念经，父亲回答说，是为那些在战争中死去的人们、那些阵亡的日本战友，也为那些曾是敌人的中国人。村上在其回忆录中写道："如果有什么是我从父亲身上切实地学到的，那就是任何人的死都是不容易的，任何人的死都应该被认真对待。"金某某的确是用一种极端的方法结束了生命，但他的死却提醒我们关注技术革新所带来的权力滥用，提醒我们在数据时代下个人可能遭遇的更大困境，他的死应该被认真对待。

拐卖妇女案：公共责任中的缺位者

"丰县生育八孩女子"事件被曝出后，在数亿网友的持续围观下，2022年2月17日中午江苏省委、省政府终于决定成立调查组，对事件进行全面调查，承诺彻底查明事实真相，对有关违法犯罪行为依法严惩，对有关责任人员严肃追责，结果及时向社会公布。

妇女生而为人的尊严不容他人践踏

此案之所以引发如此的关注，很大程度上是因为它极大挑战了每个人的道德底线。一个患有精神障碍的妇女被锁在黑屋之中，衣衫单薄、表情木然，身旁只有一碗凉粥。可就是在如此恶劣的环境之中，这个柔弱女子居然生下了8个孩子。同情和悲愤让每个有良知的人都想逼问背后的故事和真相。公众的不断逼问也迫使徐州市政府在20多天的时间里，发出四份案情通报。

第一份案情通报：

关于网民反映"生育八孩女子"的情况说明

发现网民反映"生育八孩女子"相关信息后，丰县县委、县政府迅速成立联合调查组进行全面调查。经初步调查核实，网民反映的女子为杨某侠，1998 年 8 月与丰县欢口镇董某民领证结婚，不存在拐卖行为。家人和邻居反映，杨某侠经常无故殴打孩子和老人。经医疗机构诊断，杨某侠患有精神疾病，目前，已对其进行救治，并对其家庭开展进一步救助，确保过上温暖的春节。具体情况正在进一步调查核实中。

丰县县委宣传部

2022 年 1 月 28 日

第二份案情通报：

关于网民反映"生育八孩女子"情况的调查通报

县联合调查组按照县委、县政府要求，就网民关心的相关问题，先后走访调查董某民及其家人、邻居、时任和现任镇村干部等人员，并查阅相关档案资料，现将情况通报如下：

杨某侠（此姓名为董某民所取）于 1998 年 6 月在欢口镇与山东鱼台县交界处流浪乞讨时，被董某民的父亲董某更（已故）收留，此后就与董某民生活在一起。生活中发现，杨某侠有智障表现，但生活尚能自理。在办理结婚登记时，镇民政办工作人员未对其身份信息进行严格核实。

2020 年 11 月，公安机关将杨某侠 DNA 录入"全国公安机关查找被拐卖／失踪儿童信息系统"和"全国公安机关DNA数据库"比对，至今未比中亲缘信息。调查中也未发现有拐卖行为。其身份信息公安机关将持续深入调查。

2021年6月以来，杨某侠病情加重，在发病期间，经常摔打东西、殴打家中老人和孩子。为防止杨某侠犯病时伤人，董某民暂时使用锁链约束其行为，精神状态稳定后便将锁链拿下。董某民行为涉嫌违法，公安机关已对其开展调查。

2022年1月30日，经市县两级专家会诊，杨某侠患有精神分裂症。专家诊疗建议：仍予抗精神病药物治疗，必要时约束保护，防冲动伤人及走失。目前杨某侠正在医院接受治疗。

董某民和杨某侠生育一孩、二孩后，镇计生部门均为其落实节育措施，但因身体原因失效。董某民也多次采取不同方式逃避计生部门的管理和服务。此后计生部门未及时实施有效节育措施。

自2014年5月至今，民政、财政等部门为董某民家庭落实了低保和居民医疗保险政策。每年春节、中秋为其发放慰问金。其中3个孩子每学期享受750元／人的生活补助金，另有2个孩子每学期享受500元／人的政府资助金。村委会多年来经常为其提供生活物资资助。2021年镇政府为其发放危房改造补助3.7万元建设新房4间。社会爱心人士也多次为其捐钱捐物。

联合调查组将对相关情况深入调查，对失职、渎职的工作人员依法依规处理。公安机关已成立专案组对违法行为开展调查，涉嫌犯罪的将依法处理。

丰县联合调查组

2022年1月30日

第三份案情通报：

"丰县生育八孩女子"调查进展情况

1月28日以来，"丰县生育八孩女子"引发社会广泛关注。针对此事暴露出的问题和网友关切，徐州市委、市政府及丰县县委县政府分别成立联合调查组，组织力量走访基层派出所、镇村干部群众，调阅档案资料，咨询相关法律专家。目前，杨某侠的身份已经公安部门调查认定，有关部门对八个孩子与董某民、杨某侠的关系作出了鉴定。纪检监察机关正在对此事中涉嫌失管失察失职渎职等问题的有关人员进行调查。

关于杨某侠身份问题，调查组通过查阅董某民、杨某侠婚姻登记申请资料，发现其中含有"云南省福贡县亚谷村"字样，当即派员赴云南进行核查。调查人员以福贡县亚谷村为重点，并扩大至周边多个乡镇开展调查走访，同时发布协查通告。警方通过查阅户籍底册，组织亚谷村村干部及村民比对照片、口音，确定杨某侠原名为小花梅（父母已故），云南省福贡县亚谷村人。据小花梅的亲属和同村村民回忆，小花梅1994年嫁至云南省保山市，1996年离婚后回到亚谷村，当时已表现出言语行为异常。据小花梅亲属反映，同村的桑某某（女，当时已嫁至江苏省东海县）将小花梅带至江苏治病。目前，丰县警方已找到桑某某了解情况，桑某某称，当年她是受小花梅母亲所托，带小花梅到江苏治病并找个好人家嫁了，两人从云南省昆明市乘火车到达江苏省东海县后小花梅走失，当时未报警，也未告知小花梅家人。后续调查情况将适时公布。

联合调查组组织市县两级医疗专家对杨某侠精神分裂症进行会

诊，并实施综合治疗，目前杨的精神状况趋于稳定。入院检查结果表明：杨某侠牙齿脱落因重症牙周病所致，其他健康指标正常。

经南京医科大学司法鉴定所DNA鉴定，八个孩子和董某民、杨某侠均符合生物学亲子关系。

公安机关已对董某民是否涉嫌违法犯罪开展调查，有关情况将适时公布。后期将根据对董某民的调查处理情况，依法确定对其未成年子女的监护责任。

市县两级党委政府将从此次事件中深刻汲取教训，健全工作机制，落实有效措施，进一步加强对各类困难群体的帮扶保障。

徐州市委、市政府联合调查组

2022年2月7日

第四份案情通报：

"丰县生育八孩女子"事件调查处理情况

近日，经部、省、市公安机关对杨某侠、光某英（小花梅同母异父妹妹）与普某玛（已去世，小花梅母亲）生前遗物进行DNA检验比对，结果为普某玛与杨某侠、光某英符合母女关系，结合调查走访、组织辨认，认定杨某侠即是小花梅。

经公安机关侦查，董某民（男，55岁，丰县人）涉嫌非法拘禁罪，桑某妞（女，48岁，云南省福贡县人）、时某忠（男，67岁，东海县人，桑某妞丈夫）涉嫌拐卖妇女罪，上述三人已被采取刑事强制措施。

为保障杨某侠及其家人基本生活，丰县民政部门已对他们进行低保保障。教育部门依法依规落实学生资助政策，保障其子女受教育权利。妇联的爱心志愿者和镇、村干部帮助照顾其老人，对其子女进行关爱陪伴和生活照料。后期将根据对案件的处理情况，依法确定对其未成年子女的监护责任。

徐州市委、市政府联合调查组

2022年2月10日

尽管这四份通报细节矛盾龃龉之处还有待进一步查实，但杨某侠的悲剧命运已经渐次清晰。她来到丰县的董集村很大程度上与被拐卖有关，她的精神障碍似乎也与被拐卖、监禁和强奸难脱干系。

此案引发的第一个热议在于刑法对收买妇女行为是否惩罚过轻，由此才纵容拐卖行为猖獗数十年都无法彻底禁绝。对此刑法学者已经展开了较为充分的讨论。尽管观点存在分歧，但那些率先发声的学者都令人敬佩。是他们首先开启了对此话题的严肃讨论，也再度引发公众对被拐妇女命运的广泛关注。如今是否应该提高收买妇女的刑期的讨论早已弥散出刑法范围，而更多关涉法律对收买被拐妇女究竟应持何种道德立场，应有何种价值坚守。公众希望提高刑罚的目的，也绝非在那些收买被拐妇女者身上实现惩戒快感，而是借此宣告妇女生而为人的自由和尊严绝不容他人漠视和践踏。这是文明社会的底线，值得每个人珍视和谨守。

但无论是主张维持现状还是提高刑罚的学者其实都已意识到，仅靠提高刑责绝不可能彻底根绝妇女拐卖问题，这一点正如主张维持现有刑罚而倚赖教义解释解决问题的车浩教授所言："中国的人口拐卖问题，有着复杂和沉重的历史包袱、文明洼地和观念障碍，绝非推动一个立法条文修改就能够奏效。"而刑罚的有限性即使是主张提高刑罚的学者也不讳言："幻想通过对个罪刑法的提高来解决收买妇女儿童问题，同样是不切实际的。"

我国宪法第33条规定："国家尊重和保障人权。"这就意味着保障个人的尊严不被贬损和侵害首先是国家责任。国家在此不仅要承担尊重克制不予干预的消极义务，还要承担当个人尊严受到他人威胁和侵犯时的积极保护义务。既然拐卖和收买妇女儿童是个系统性问题，需要社会的综合治理，这里绝不能忽视的就是政府在此应承担的责任。正因如此，在国务院办公厅发布的《中国反对拐卖人口行动计划（2021—2030年）》中，也积极倡导形成"党委领导、政府负责、部门联动、社会协同、公民参与、法治保障、科技支撑的工作格局，坚持和完善集预防、打击、救助、安置、康复于一体的反拐工作长效机制"。对症亦知须药换，出新何术得陈推。要彻底禁绝拐卖妇女，首先在于政府和社会的积极预防、严厉打击和及时救助，刑罚只能是最后威慑和最后手段。对于那些因被拐卖而遭受凌辱的女性而言，政府和社会的尽早介入和干预也远比事后诉诸刑罚更加有效。

而从当地政府发布的四份通报反观此案，造成杨某侠悲剧人生的不仅是那些泯灭了人性的拐卖者，不仅是那个只因同村人嘲笑自己大龄未婚，就买下精神残障妇女将其囚禁于黑屋之中作为生育工具的董某民，也不仅是那些明知杨某侠来路不明，却漠视董某民对其进行长期侮辱而从未施以援手的同村村民，还有容忍这种罪恶发生却并无作为的政府部门。也是这些本应提早介入的公权机关及其工作人员的失职，为藏匿和滋生这些人性之恶提供了温床。

"丰县生育八孩女子"事件中的公共责任缺位者

在丰县政府于1月28日发布的第一份通报中，确认杨某侠和董某民是"领证结婚，不存在拐卖行为"，而30日的第二份通报又增加了进一步细节说明，杨某侠的确存在精神障碍，是在流浪乞讨时被董某民的父亲收留，后与董某民登记结婚。如果确如政府通报所说，杨某侠和董某民存在合法的婚姻关系，这已经证明当地民政部门在为他们办理结婚登记时未尽充分审查义务。结婚登记首先须对缔结婚姻的双方进行身份核查，而这个环节对于来历不明的杨某侠似乎被轻松跳过。此外，1980年版婚姻法第6条还明确规定："有下列情形之一的，禁止结婚：（一）直系血亲和三代以内的旁系血亲；（二）患有医学上认为不应当结婚的疾病。"又根据母婴保健法，患有精神疾病正属于"医学上不应当结婚"的类型。其原因就在于，那些患有精神障碍的女性可能根本无法做出愿意结婚的意思表示，也很容易因为外在胁迫沦为买卖婚姻和强迫婚姻的受害者。而要求婚姻登记机关在此进行审核，既是确保双方结婚意愿的真实可信，也是通过公权机关的介入而尽早为弱势群体提供帮助。这一点在《中国反对拐卖人口行动计划（2021—2030年）》中也有明确涉及："规范婚姻登记管理。婚姻登记工作人员发现疑似拐卖妇女情形的，应当及时报告和制止。"

因为民政部门的失职，董某民和"被捡来"的杨某侠顺利缔结婚姻，罪恶也因此得以"合法"延续。从杨某侠被收买时至案发，杨某侠如官方通报所说生育了7子1女共8个孩子。吊诡的是，我国全面放开二孩是在2016年1月1日，鼓励生育三孩也是在2021年6月之后。或许在实践中，农村的计划生育政策未像在城市中一样严格执行，但根据一般认知，计生部门对生育8个子女而不予介入的也实属少见。

在1月30日的第二份通报中，丰县政府解释道："董某民和杨某侠生育一孩、二孩后，镇计生部门均为其落实节育措施，但因身体原因失效。董某民也多次采取不同方式逃避计生部门的管理和服务。此后计生部门未及时实施有效节育措施。"

"身体原因""采取不同方式逃避计生部门的管理和服务"，这些措辞避重就轻地将杨某侠可能被强制生育8个孩子的责任全部推给涉案当事人，而计生部门的责任似乎只在于"未及时实施有效节育措施"。

但根据人口与计划生育法，国家实行计划生育的目的不仅在于"调控人口数量，优化人口结构，促进人口长期均衡发展"，还在于借此"增进妇女健康、提高妇女地位"。也因此，计生部门的职责不仅是对违反计生政策的个人予以警示和惩戒，更多的是提供"计划生育服务、提高个人的生殖健康水平"。从这个角度出发，当地计生部门在发现精神残障的杨某侠连续生下2个孩子后，所要做的就不只是敦促其采取节育措施，还包括在发现生育或许并非其真实意愿，也会对其身体和精神造成严重损害时，积极提供保障和救助，阻止其继续沦为他人的生育机器。

在此案中未尽公职义务的还有董某民所在的当地村委会。村民对杨某侠的悲剧麻木冷漠，甚至如《盲山》电影所揭示的那样，可能合力造成被拐卖妇女持续被囚禁和强奸，而难以走出困境，的确是因为顽固强大的愚昧观念和长久形成的收买陋习。但村委会作为村民自治组织和法律授权机构，却需要依法承担相应的公共责任。在村民委员会组织法中，村委会的职权被描述为："应当宣传宪法、法律、法规和国家的政策，教育和推动村民履行法律规定的义务、爱护公共财产，维护村民的合法权益，发展文化教育，普及科技知识，促进男女平等，做好计划生育工作，促进村与村之间的团结、互助，开展多种形式的社会主义精神文明建设活动。"

《中国反对拐卖人口行动计划（2021—2030年）》中也要求村委会"加强对辖区内孕产妇和新生儿的情况了解，发现疑似拐卖妇女儿童情形的，应当及时向有关部门报告和制止"。

一个来历不明的有精神障碍的妇女出现在本村，并长期被铁链锁在黑屋之中，且持续生下8个子女，在一个倚赖宗族血亲维续的村庄，不仅村民大概人尽皆知，村委会也绝不可能全不知情。但其在十多年的时间里却未有任何作为，这种纵容和包庇不仅加剧了村民整体价值观的严重扭曲，也使罪恶得以进一步延续。

再来看本应对弱势群体提供照护义务的当地妇联组织。与村委会一样，妇联虽然不属于严格意义上的政府机关，但同样须承担公共责任。对于可能被拐卖且强迫生下8个孩子的杨某侠来说，如果妇联可以积极介入并提供帮助，且如如女权益保障法所规定的那样，避免妇女被"歧视、虐待、遗弃和残害"，那么杨某侠的悲剧人生可能也不会延续如此之久。同样可能对杨某侠的人生悲剧予以漠视的还有当地的残疾人权益保障组织。残疾人保障法规定："残疾人的公民权利和人格尊严受法律保护。禁止侮辱、侵害残疾人。"若如政府通报所说，杨某侠在与董某民结婚之前就已经存在精神障碍，那么当地的残疾人权益保障组织可以容忍其常年被锁在黑屋之中，且在根本无法表达自身意愿的前提下与他人结婚并生下8个孩子，也属于严重的失职。

本案中疏于职守的还有当地的公安部门。公安部门一直是打拐行动的核心力量。在徐州发布的第二份和第四份通报中，都述及"全国公安机关查找被拐卖／失踪儿童信息系统"和"公安机关 DNA 数据库"。在第二份通报中，当地公安机关说明："至今未比中亲缘信息，调查中也未发现有拐卖行为。"在第四份通报中，则说明："已对杨某侠、光某英（小花梅同母异父妹妹）与其去世母亲的生前遗物进行 DNA 检验比对，认为杨某侠即是小花梅。"

建立失踪人口信息系统，通过 DNA 比对技术等现代科技手段查找被拐卖的妇女儿童，已是现今公安机关在开展此类工作时的常用方式。文献资料也早已证明，徐州一直是人口贩卖的重灾区。既然早已知悉该地区存在大量的拐卖妇女事件，当地公安部门就应在日常工作中加强对来历不明的妇女儿童的身份排查，及早对可能的涉罪行为进行调查核实，而不是等到事情经过十多年之后，甚至是舆情汹涌之时，再去核查当事人身份，匆匆进行 DNA 比对，并不断得出前后矛盾不一几乎难以令人信服的结论。

"这个世界不要俺了"

事件发生后，当地政府在舆论高压下缓慢地进行着案件的调查，放出四份前后矛盾的通报。这种应对方式已使政府的公信力受到严重拷问。又伴随网友的不断深挖，丰县又有更多荒谬至极的信息被曝出。除了收买被拐妇女很多都只按照最低刑期判处外，中国裁判文书网披露的数起在丰县由被拐卖妇女起诉的离婚案件，法院均不予支持。对于因被拐卖而强迫结婚的妇女，法院判决的说辞是："双方应珍惜多年的夫妻感情，相互扶持，彼此相伴，共同维护家庭的完整。"无法想象那些拿到上述判决的被拐卖妇女，面对公权机关的冷漠时内心会有多绝望，这些铜墙铁壁成了那些被拐卖妇女另一座无法走出的盲山。

在最初曝出的视频中，神志模糊的杨某侠绝望地喊出"这个世界不要俺了"。这句话戳中每个有良知的人的内心，也同样是对公权机关的泣血警示。

我们都希望江苏省委、省政府组建的调查组能尽快彻查真相、使公义降临、阴霾散尽，也使那些备受凌辱的被拐妇女能终获安抚。丰县生育八孩女子事件可能并非孤例，期待包括丰县政府在内的基层政府都真正如《中国反对拐卖人口行动计划（2021—2030年）》所倡议的，"有效预防和惩治拐卖人口犯罪，切实保障公民基本权利，维护社会和谐稳定，维护国家安全，展现我负责任大国形象"。

迟到的判决："丰县生育八孩女子"案为何未追究强奸和收买

2023年4月6日，江苏省徐州市中级人民法院一审公开开庭审理了被告人董某民虐待、非法拘禁案，被告人时某忠、桑某妞拐卖妇女案和被告人谭某庆、霍某渠、霍某得拐卖妇女案并做出相应判决。在本案被曝出一年多后，这份判决终于姗姗来迟。

判决中，法院认定董某民犯虐待罪和非法拘禁罪，数罪并罚执行有期徒刑九年；认定时某忠、桑某妞、谭某庆、霍某渠、霍某得犯拐卖妇女罪，分别判处有期徒刑十一年、十年、十三年、八年六个月和八年，并处罚金。判决既出似乎并未取得彰显正义、抚慰人心的社会效果，反而引发公众质疑。这种质疑又主要集中于如下问题。

其一，收买杨某侠并将其拘禁锁绑的董某民仅被法院判处虐待罪和非法拘禁罪，为何没有追诉其强奸的刑事责任？

其二，判决书中称，时某忠、桑某妞、谭某庆、霍某渠、霍某得等人的拐卖行为发生于1998年，均已超过20年的追诉时效，但为从严打击拐卖妇女犯罪，切实保障妇女儿童权益，徐州市中级人民法院在报请最高人民检察院核准后，仍旧追究了5人拐卖妇女的刑事责任。既然在经过追诉时效后仍旧可以追诉，为何不追究董某民收买被拐妇女的刑事责任？

其三，判决书中多处称："被告人董某民将小花梅（杨某侠）带至董集村家中共同生活""董某民虐待家庭成员，情节恶劣"，这些表述似乎寓意法院默认收买被拐妇女的董某民和杨某侠的婚姻关系是有效的，被拐妇女和收买人已成为"家庭成员共同生活"，这同样与一般的大众情感和认知互相抵牾。被拐妇女的婚姻关系究竟如何认定呢？

为什么未追究收买犯罪？

按照我国刑法规定，在拐卖案件中，买方与卖方均应承担刑事责任。在立法者看来，因为收买行为的社会危害性低，所以处罚更轻。与拐卖最高可判无期、死刑相比，收买犯罪的最高刑为3年有期徒刑，而且量刑档次设置较少，在实践中还经常从宽处罚。这种情况令人难以接受，在本案被曝出后，买卖是否应同罪更引发法律学者和社会公众的长时间争论。

从追诉效果来说，收买犯罪的法定最高刑是3年，意味着仅有5年的追诉时效。因此，一般情况下收买妇女5年之后就不被追责。判决的事实认定部分显示，杨某侠在1998年被从云南拐骗至江苏后，曾先后被卖给徐某东和董某民为妻，但两人的收买行为都因法律规定的量刑较轻而早已超过追诉时效。可能有人会问，在追诉时效存在中断时，前罪时效可以因为后罪的出现而重新计算。本案中，董某民既然存在非法拘禁、虐待犯罪，那么对于其收买犯罪的追诉期限也要自后罪的行为发生之日起重新计算。但从判决书中认定的事实可知，董某民的虐待和非法拘禁行为是自2017年开始的，此时收买犯罪早已超过追诉时效，也无再重新计算的可能。

对于买妻者董某民，徐州市中院是以虐待和非法拘禁罪对其数罪并罚。对于买妻者是否可同时追究伤害、侮辱、强奸和监禁等其他刑事责任，立法意见和司法实践之间一直存在偏差。从刑法条文出发，立法者显然支持在收买犯罪的惩处中数罪并罚；但在司法实践中，很少有法院对行为人基于收买、非法拘禁、强奸等行为数罪并罚的，司法适用对于收买犯罪的打击不仅力度明显畸轻，还有放纵的嫌疑。

回到本案，徐州市法院对于收买犯罪的数罪并罚显然做了积极回应。虽然收买犯罪已经因为5年追诉时效无法追究，但法院还是充分考虑了收买方对被害人的拘禁、侮辱、虐待等行为和她的精神障碍、人身健康受损之间的因果关系，认定他实施了虐待和非法拘禁罪，使其虽未因收买罪获刑，但仍旧被追究了他其他犯罪的刑事责任。

综上说明，在买卖不同罪被彻底修改之前，司法机关在现有法律框架内，只能通过对买妻者在收买过程中或之后的其他犯罪行为进行数罪并罚，如并罚强奸罪、非法拘禁罪等，以及减少适用从轻、减轻以及缓刑的可能，来加大对收买犯罪的惩罚力度。这在一定程度上可以遏制买妻陋习的滥觞，也符合一般人的道德直觉。

为什么报请最高检追究拐卖者的刑事责任？

本案还有一个值得关注的细节，就是拐卖犯罪的追诉报请了最高检核准。为什么追究几个人贩子的刑事责任，还需要经过最高检的核准呢？

这是因为拐卖犯罪的基本犯，刑期是五年以上十年以下，这意味着十五年的追诉期限；如果在情节加重的情况下，如拐卖妇女儿童三人以上的、奸淫被拐卖妇女的、绑架妇女儿童的、将妇女儿童卖往境外的，等等，刑期可达十年以上、无期乃至死刑，这就意味着二十年的追诉时效。

在本案中，拐卖行为发生在1998年，即使情节特别严重，刑期最高以二十年计算，追诉时效也将于2018年终止。而本案直到2022年才曝光，那么想要追究卖方的责任，就仅余唯一一条路径：报请最高人民检察院核准追诉。

我们当然希望有罪必诛，不过突破追诉时效制度去实现正义仍是不可想象的。时效制度背后仍旧是法秩序安定的基本要求，也是必须维护的法治价值。因此我们在呼吁和赞美正义实现的同时，也要警惕国家权力的边界。顺应民意的判决当然人人叫好，但同样应谨守法治的基本立场。

拐卖妇女犯罪虽已过追诉时效，但为从严打击拐卖妇女犯罪，切实保障妇女儿童权益，徐州市中级人民法院在报请最高人民检察院核准后，仍旧追究了拐卖者刑事责任。收买者却因刑法认为其社会危害性较轻，追诉时效设置得更短而得以摆脱刑责，这一点反映的同样是买卖不同罪导致的法律适用差异。

为什么未追究强奸罪？

本案一审判决另一被质疑之处在于，董某民在买妻后即使发现其精神存在问题，仍旧让其持续怀孕生子，但判决只是认定董某民在2017年杨某侠生下第六个孩子后，对其实施布条绳索捆绑、铁链锁脖等行为属于虐待和非法监禁，而未认定其构成强奸行为。而我国刑法第241条第2款的规定，收买被拐卖的妇女，又强行与其发生性关系的，应该以收买被拐卖妇女罪和强奸罪数罪并罚。

本案未认定强奸罪，一方面是法院在判决中默认董某民和杨某侠的婚姻关系是有效的，因为虐待罪的适用对象就是家庭成员。既然婚姻关系存在，对于董某民是否实施了强奸行为，是否违反了被害人意志，就很难达到定罪的证明程度。此外本案还涉及精神病人的性同意问题。判决事实部分披露，杨某侠最初被董某民收买时，生活尚能自理，但有时存在痴笑、目光呆滞等表现，在生育了六个孩子后精神障碍逐渐加重。要认定董某民构成强奸，就要证明杨某侠在被收买之初就已丧失性自卫能力且持续了近20余年，这在法律上同样困难。

而阻碍对收买精神病妇女认定为强奸罪的一个重要观念还在于，很多检察院和法院都认为，强奸罪强调的是"强行与妇女发生性关系"的主观故意，即使被拐卖者是丧失性自卫能力的精神病人或痴呆妇女，如果收买者不是以奸淫为目的，而是以婚姻为前提，与精神病人或痴呆妇女同居并发生性关系，就不宜认定为强奸罪。这种观点在司法实践中相当盛行，相信也是本案中阻碍法院认定董某民构成强奸罪的重要理由。这其实也在一定程度上证明，不提高收买罪的量刑，仅寄希望于通过数罪并罚的方式加大对收买罪的打击在司法实务中依然会面临执行黑洞。

被拐妇女的婚姻认定

徐州市中院在判决中未定强奸而是虐待，隐含的是对被拐妇女婚姻关系有效的默认。被拐妇女的婚姻效力的认定问题，在本案曝出后已有一定讨论。学界对此大致有以下两种意见。

其一，婚姻无效。民法典第1041条规定："实行婚姻自由、一夫一妻、男女平等的婚姻制度。"第1042条规定："禁止包办、买卖婚姻和其他干涉婚姻自由的行为。"既然结婚必须男女双方完全自愿，禁止任何一方对他方加以强迫或任何第三者加以干涉，那么被拐后缔结的婚姻就是自始无效的。认定此种婚姻无效，除了考虑被拐妇女可能无法行使婚姻撤销权外，其背后的隐忧还包括，如果认定婚姻有效，男方收买被拐卖妇女或对其施以强奸和监禁，都会因婚姻关系在法律上获得承认而难以被追究刑事责任。

其二，婚姻可撤销。主张被拐婚姻属于可撤销情形的依据在于民法典第1052条："因胁迫结婚的，受胁迫的一方可以向人民法院请求撤销婚姻。请求撤销婚姻的，应当自胁迫行为终止之日起一年内提出。"除有民法典的明确规定外，支持被拐妇女婚姻属于可撤销情形的理由还在于，民法典所列举的婚姻无效情形只有三类：（1）重婚；（2）有禁止结婚的亲属关系；（3）未到法定婚龄。被胁迫缔结的婚姻并不包含在上述列举中。

民法典将受胁迫的婚姻归入可撤销的原因主要在于对妇女意志的尊重。对于被胁迫缔结的婚姻，女方有权请求撤销，但是否要求撤销取决于其意愿。而在拐卖妇女问题上，实践中也有大量案例证明，因传统性别观念尤其是贞操观念的影响，或者是原生家庭已无亲人，或者是基于对孩子难以割舍的感情，很多获解救的妇女最终还是留在当地继续生活。但反对意见除认为确认其可撤销可能导致男方无法被刑事追责外，还在于其会间接纵容收买恶习，妇女也可能会因各种阻力难以行使撤销权，并一直处于被胁迫的婚姻关系中而难以解脱。

由此来看，将被拐妇女的婚姻认定为无效还是可撤销，攸关应优先追究买妻者强奸、监禁等刑事责任，还是应尊重被拐妇女的意思选择，由其自主决定是否撤销婚姻的冲突选择。法律判断的困难也同样折射出被拐妇女的反抗困境。

而徐州市中院将董某民和杨某侠界定为"共同生活的家庭成员"，明显是将被拐卖后缔结的婚姻作为可撤销的胁迫婚姻理解。这种做法虽未突破现行法的框架，但也使公众希望此案可以带来根本改变的希望落空。很多网友斥责这种做法无视妇女的真实意愿，同样导致法院无法追究收买者的强奸责任。徐州市中院如此考虑的原因可能还在于民事责任与刑事的区分：法院在刑事审判中原则上只能就刑事部分定罪量刑，而将婚姻确定为无效或是撤销都有赖于当事人民事权利的主张和行使。在杨某侠尚未有能力行使上述权利时，法院对其意思自由仍应保持尊重。但公众担忧的是，杨某侠的身体和精神状态一直堪忧，未来是否能行使权利也不可知，法律也尚未施予妇联或基层行政组织辅助这些被拐妇女行使权利的职责，其婚姻状况该如何认定同样成为未解的问题。

迟到的判决是否正义？

判决的事实部分客观描述了杨某侠被拐卖的全部过程，尽管语词表述极尽克制但读来仍旧让人无比心酸。杨某侠在1998年被以治病为由从家乡拐走，后以5000元价格卖给徐某东；在走失后又被人以3000元卖给人贩子，并最终以5000元卖给董某民。这些数字的背后是一个女性悲剧的一生，也是其尊严和自由被彻底贬损和践踏的表征，这无法不激起大众的悲愤和同情。

徐州中院在现行法的范围内，对买妻者董某民予以九年有期徒刑的刑罚处罚，从以上法律分析来看似乎已尽其所能对受害者给予抚慰、对大众给予交代，但这份迟到的判决是否真的符合大众朴素的正义观念仍有讨论的空间。无论是对拐卖者和收买者不同的刑罚追责，还是对持续以极其不人道的方式虐待和监禁杨某侠的董某民仅判刑九年，这些法律适用都再次证明，刑法对于买妻者过度宽松的处理，不仅严重抵触大众的一般道德，也是对买卖妇女行为的极度纵容。这种纵容既然无法通过司法纠偏，就只能等待修法的改变。

法律如何夺回被偷走的人生

2020年，某省农家女陈某在16年前被冒名顶替上大学的新闻彻底引爆媒体，当人们还在为陈某的多舛命运扼腕时，另一位某省农家女苟某也向媒体举报称，其在20年前同样被班主任老师的女儿冒名顶替上了大学。陈某和苟某的顶替案曝光后，某省各个大学纷纷开始彻查，迄今查出的顶替者已高达240多人。

高考可谓最严格的考试，严格意在公平，因此它也是许多人为数不多的改变命运的机会。惊闻会有那么多人轻松就打通各种关节，并随意掠走他人的成绩、姓名、档案、学籍乃至学校时，公众当然义愤难平。冒名顶替他人上大学实属大恶，对于那些出身贫寒的被顶替者而言，这种行为无情摧毁了他们用无数寒窗苦读的艰苦岁月才换来的命运转机，他们原本可以由考上大学而重设的人生就这样被偷走。冒名顶替者及其帮凶当然会受到法律的严惩，但被顶替者被无情偷走的人生又该如何挽回，他们是否还有重返学校的机会，是否还能向未严格履行审查义务的教育行政部门和学校求偿，除了对冒名顶替者以及由顶替他人上学这条利益链所牵出的受贿者、渎职者追究刑事责任，法律又还能再做些什么，这些问题都值得深思和讨论。

冒名顶替案中的法律问题

事实上，此次被曝出的陈某案和苟某案并非冒名顶替案的首例。早在2001年该省就曾发生轰动一时的齐某苓案，该案的当事人齐某苓也是被他人冒名顶替上了中专。顶替者毕业后还继续用齐某苓的姓名在银行就职直至最终被发现，此案与陈某案如出一辙。在该案的终审判决中，某省高级法院认为顶替者是"以侵犯姓名权的手段，侵犯了齐某苓依据宪法规定所享有的受教育的基本权利"，为惩戒这种侵权行为，判决不仅要求顶替者赔偿齐某苓因受教育权被侵犯而造成的直接经济损失，还要求其将冒用齐某苓姓名期间所得的所有既得利益（即以齐某苓的名义工作后领取的工资）都用以赔偿对齐某苓的侵权损害，此外终审法院还按照省高院所规定的精神损害赔偿的最高标准，赔偿齐某苓精神损害5万元。

除了与陈某案一样叵测的案情外，该案在彼时引起巨大反响的原因还在于，正是在此案中，法院在审理普通民事案件时首次援引宪法。宪法自此不再是束之高阁的政治宣示，而成为普通判决的直接依据。在齐某苓案后，有关"宪法司法化""基本权利对于民事法律关系的效力"等议题在学界风靡一时，齐某苓案的判决对于宪法条款的直接援引，也被认为是具有激活宪法直接法效性的重要意义。但遗憾的是，最高人民法院在2007年废止了针对齐某苓案做出的"以侵犯姓名权的手段侵犯宪法保护的公民受教育的基本权利应当承担民事责任的批复",这也意味着,普通司法判决自此再无法直接援引宪法规范判案,宪法具备直接法效性的观点同样在司法实践中被否定。

冒名顶替他人上学不仅涉及他人姓名权、个人信息权,还严重侵犯了他人由宪法所保障的受教育权、公平权以及由教育权和公平权所确保的人格的自由发展,这一点毋庸置疑。即使最高法院2007年的批复否定司法判决可直接援引宪法规范,也不意味着基本权利就不能再通过民事、刑事或行政审判获得保障,此处涉及的只是宪法条款尤其是基本权规范如何辐射至民事法律关系,是直接还是间接的学术争议和观点分歧。但对于我们思考法律如何挽回受害者被偷走的人生,齐某苓案的判决仍具有以下重要借鉴意义:其一,被顶替者不仅可向顶替者提起民事诉讼,同样可向违法的教育行政部门和高校提起行政诉讼;其二,被顶替者不仅可向顶替者要求民事侵权赔偿,同样可向违法的主管教育行政部门和高校要求国家赔偿。

公共责任承担者和国家赔偿责任

在上述冒名顶替他人上大学案中,造成齐某苓、陈某和苟某这些被顶替者人生逆转的原因,除了顶替者的恶毒手段以及与其相互勾结为其大行方便的公职人员的渎职舞弊外,还包括教育行政部门、户籍主管部门和在法律上同为行政主体的高等学校在关键环节上的审查不严和监管不力,当然也构成了职权违法。

纵观陈某被冒名顶替的全部过程，顶替者陈某萍和其父亲几乎是打通了高考录取的整个环节：首先是获得当地招生办主任和邮政局局长帮忙打印陈某的准考证，冒领陈某的录取通知书；其次是联合陈某就读的当地中学，篡改其档案，将贴有顶替者照片的毕业生登记表替换到陈某档案中；之后又在当地派出所为顶替者办理虚假户籍和户口迁移证；最后则是在顶替者入学报到后，通过该校教务处处长不对其进行任何实质性审核。看似复杂严密的高考关卡就这样被顶替者一一突破。

　　附着在这条利益链上的所有渎职者当然罪责难逃，而处于这条招生链的教育行政部门和户籍主管部门，如某省某县教委招生办和某县派出所，本应在各自负责的环节严格把关，却都因监管不严而节节失守，上述机关的行为属于行政违法，也应承担相应的法律责任。除上述教育主管部门和户籍部门外，处于上述环节中端和末端且最终促成陈某被成功顶替的某省某中学和某省理工大学在本案中同样构成行政违法。公立学校因为教育法、高等教育法和学位条例等法律法规的授权而行使教育行政职权，属于与行政机关一样的行政主体。而其在行使教育行政职权时造成相对人权益受损的，也同样应承担行政违法的法律责任。

　　据此，经由对顶替入学全过程的梳理，陈某未来除了可向顶替者陈某萍及其父亲要求民事侵权赔偿外，还可向当地县教育局、当地派出所、某中学以及某省理工大学提起行政诉讼并要求国家赔偿。这一点同样由国家赔偿法所确认："国家机关和国家机关工作人员行使职权，有本法规定的侵犯公民、法人和其他组织合法权益的情形，造成损害的，受害人有依照本法取得国家赔偿的权利。"至于可获赔偿的项目和数额，齐某苓案判决给出了一定参照，其中不仅包含陈某因姓名权、受教育权受损而导致的直接经济损失，如包括复读费用在内的为再次接受高等教育所支付的所有费用，还包括间接经济损失。间接经济损失在齐某苓案是以顶替者以齐某苓的名义入职工作后所领取的工资为标准进行核算。但国家赔偿法的赔偿标准以"直接损失"为限，这点又与民事赔偿不同。此外，上述机关和学校因违法失职不仅造成了陈某姓名权、受教育权的损害，还严重影响其心理和精神。陈某同样可向上述机关和学校要求精神损害赔偿。国家赔偿中的精神损害赔偿以当事人有人身权损害为前提，姓名权当然包含在人身权的范畴内。当事人要求国家赔偿的时效从其获知职权行为违法时起算，因此即使陈某在16年后才获知自己被顶替的事实，也并不影响其要求国家赔偿。

被顶替者还能回校就读吗？

因为被冒名顶替，一直成绩优异的陈某与心仪的大学失之交臂。之后她因为没有学历而吃尽苦头，始终为"落榜"的遗憾所困，于是尝试通过参加成人高考来重新圆梦。而正是这一决定最终使她发现16年前自己被冒名顶替的事实。所以在对媒体的控诉中，除了表达对冒名顶替者的愤慨，陈某最大的诉求还有重返大学，拿回原本属于自己的机会。某省理工大学对此态度前后发生重大转变，最初大学是以"并无先例"而拒绝了陈某的要求，之后大概是迫于舆论压力表示"愿意积极协助其实现愿望"。撇开大学为应对舆情所进行的决策选择，此处真正需要探讨的是，那些被顶替者在法律上是否有要求重返学校的请求权，以及未尽严格审查义务的高校在处理这些顶替案时，除了对涉事工作人员进行处分，对于顶替者和被顶替者又应该在法律上如何安排处置？

如上文所述，高校属于依据法律、法规、规章授权而行使教育行政职权的主体。而依据国家规定招录学生，对其进行教育管理，并对完成学业、符合条件的学生颁发毕业证照和学位证照都是其行使教育行政权的表现。在招录学生的过程中，高校除应严格恪守国家的招生制度，为防止舞弊，还应对当年录取的新生，进行照片、考生档案、准考证、录取通知书、录取考生名册、身份证等信息的逐一对照核查。某省理工大学正是未履行实质核查义务，才导致顶替者最终蒙混过关。对于顶替者，高校的处置首先是如其尚在校就读，就应主动注销其学籍；若顶替者已经完成学业且获得毕业证书和学位证书，则应撤销向其颁发的相关证照且依法注销其学位证书。接受伪造身份者入校就读且向其颁发相关证照，属于罹患"重大明显违法"瑕疵的无效行政行为，也因此，陈某等被顶替者在法律上要求高校撤销和注销顶替者学籍和学位证书的诉求，可以在任何时间主张，而并不受行政诉讼起诉期限的限制。

但对于被顶替者的重新返校就读诉求，则需根据高等教育法再行分析。该法第19条规定："高级中等教育毕业或者具有同等学力的，经考试合格，由实施相应学历教育的高等学校录取，取得专科生或者本科生入学资格。"据此，赋予学生以入学资格为高校的教育职权，是其行使教育自主权的重要表现，其条件包括学生高中毕业或具有同等学力且经考试合格。从本条规定看，陈某具备入学资格似乎并无问题。

但值得注意的是，某省理工大学向陈某颁发录取通知书是在16年前，入学资格的赋予也是依据当时事实状况做出，这里参酌的要素既包含了考生当时的高考成绩（尤其是其在当年报考该校的学生中的成绩排名），陈某作为应届高中毕业生的年龄因素和身体因素，也包含了公立高校当年的招生指标以及学校接纳学生的容量限制。这些条件都构成了入学资格决定的事实基础。但大学赋予陈某的入学资格决定，因为顶替者的行为并未获实施。经过16年，此项入学资格决定的事实基础也已发生改变，这就使入学决定的效力不一定会一直存续。也因此，尽管完全是因为他人的恶意劫掠，但陈某已不必然具备要求学校按照16年前的录取通知书，重新接收其返校就读的请求权，换言之，大学对是否接受陈某重新就读具有自主决定权。

但这种自主决定权又并不意味着大学可以不经任何斟酌裁量，就可直接以"没有先例"为由断然拒绝陈某的入校请求。既然16年前赋予陈某入学资格的决定是依据一定事实基础做出，那么高校在决定是否重新接收其入校时，就应考虑这些事实基础的改变是否会彻底排除其再入校就读的可能，如被顶替者报考的专业对学生的年龄、身体状况都有一定要求，时过境迁该生已经无法再适应该专业的学习；或者该生报考的专业学校每年有严格的指标限制，学校也无法再在现有基础上扩容。如果事实基础的改变并不会从根本上构成被顶替者重新返校的障碍，那么学校完全可以在对被顶替者的学习状况、身体状况进行基本考察，在充分听取其诉求的基础上，为其提供重返学校就读的机会。受教育权作为基本权，应比其他权利受到更高程度的保障，而这一点也对高校的自主裁量权构成更多的限制。从这个意义上说，只要被顶替者没有影响重新入学的实质障碍，学校也应接纳他们重新返校。事实上，经过16年，目前的学校在招录标准和培养方式上都已经相当多元，也拥有了更多的自主空间，这也为陈某、荀某这些在十几年后才发现自己当初痛失入校机会的学生重新返校提供更多可能。

法律必须彰显最基本的公义

作为法律人，我们总是幻想法律可以挽救一切不公，可以抚平所有伤害。但遗憾的是，法律的作为永远都是有限的，无论嗣后如何惩治作恶者，如何对受害者予以补偿，也根本不可能追回她们被偷走的人生。但从另一角度而言，尽管法律是有限的，其又必须在最低限度内有所作为，必须彰显最基本的公义。

在这些冒名顶替案中，最令人痛心的是，那些被顶替者无一例外都是身处社会最底层的农家子弟。他们没有任何权势可依傍，唯一希望就是通过高考改变命运，却不幸成为作恶者的目标，作恶者的卑劣行径也几乎彻底断送了他们获得人生转机的最大希望。作恶者在此践踏的不仅是这些农家子弟的受教育权和借由教育获得的人生拓展可能，还有维系整体社会良性运转的教育公平。公众基于愤懑而要求严惩作恶者，甚至要求立法者将"冒名顶替行为"入罪，但造成这些案件频发的原因又岂止顶替者个人的内心幽暗，背后还有整个教育系统在践行教育公平方面的缺漏和失职。回看陈某被冒名顶替的全过程，如果在招录过程中，但凡有一个主管部门在制度设计上更缜密审慎，不致使审查过程完全为个人操控，顶替者就绝无可能如此轻易地打通各个环节。

由此，为避免普通人的权利再被他人肆意践踏，人生再被作恶者肆意掠走，除了要严惩冒名顶替者，还须真正将实践教育公平作为教育行政机关与组织行动的首要目标，并通过更完善的机构和程序设置来实现公民的教育平等。六月已至，新的一轮高考在即，唯愿上苍庇佑，公义匡扶，使那"流泪撒种的，必欢呼收割。那带种流泪出去的，必要欢欢乐乐地带禾捆回来"，人生被偷走的悲剧也不再重演。

唤醒沉睡的条款：行政拘留暂缓执行

2023年1月某日，某市公安局分局发布一则警情通报称，在前一日凌晨4时王五一行四人因认为路边候车的陈某某对其偷拍而产生争执，王五等人上前殴打陈某某造成其鼻骨骨折等轻微伤。警方对四人分别予以行政拘留和罚款的处罚。

这份警情通报的前文与其他通报几无差异，但其第二段却引发公众关注和猜疑："现因王五等四人对公安机关做出的行政处罚决定提请行政复议，公安机关依法对王五等四人暂缓执行行政拘留。下一步公安机关将根据行政复议结果依法执行。"

据新闻媒体从权威信源中获悉，警情通报中打人的王五正是名人王五。因其身份特殊，加之警方在对其做出行政拘留7日并处罚款500元的处罚后，又对其予以暂缓执行，于是许多人开始质疑警方是否因为打人者是名人就对其予以特别优待。

公众产生上述质疑能够理解，毕竟实践中公安机关在做出行政拘留决定后，一般都会直接将违法行为人送至拘留所执行，抗拒执行的还会使用约束性警械，而做出拘留决定后暂缓执行的少之又少。

既然"应拘尽拘"是常态，那么当地分局在对王五做出拘留决定后又对其暂缓执行到底合不合法？当地分局在本案中又是否存在区别对待呢？

复议后停止执行还是不停止执行？

警情通报称，公安机关做出暂缓执行行政拘留决定的原因是："王五等四人对公安机关做出的行政处罚决定提请行政复议。"此通告一出，马上就有人列出行政复议法第21条，认为当地分局的做法违法。

根据该条，"行政复议期间具体行政行为不停止执行；但是，有下列情形之一的，可以停止执行：（一）被申请人认为需要停止执行的；（二）行政复议机关认为需要停止执行的；（三）申请人申请停止执行，行政复议机关认为其要求合理，决定停止执行的；（四）法律规定停止执行的。"据此，在通常情形下，当事人申请复议并不会延缓行政决定的效力，除非其具备法律规定的例外情形，这就是"复议不停止执行"原则。

这项原则其实照抄了行政诉讼法，该法第56条同样规定："诉讼期间，不停止行政行为的执行。"又因为在2014年修订过，所以起诉不停止执行的例外相较行政复议法更多："（一）被告认为需要停止执行的；（二）原告或者利害关系人申请停止执行，人民法院认为该行政行为的执行会造成难以弥补的损失，并且停止执行不损害国家利益、社会公共利益的；（三）人民法院认为该行政行为的执行会给国家利益、社会公共利益造成重大损害的；（四）法律、法规规定停止执行的。"

既然行政复议法规定的是"复议不停止执行"，当地分局在对王五做出拘留决定后原则上就应立即执行，除非当事人申请停止执行且复议机关确认其理由合理，或者复议机关认为需要停止执行。但后者因为只是例外，适用空间并不大，因此以"复议不停止执行"为由，质疑当地分局对王五区别对待似有一定道理，我的几个法大同事也持此立场。

但当事人申请复议或提起诉讼后不停止执行的原则并非毫无争议。各国对此的处理方式不尽相同，停止执行和不停止执行代表的也是两种完全不同的立场。

以德国为代表的典型做法是"起诉停止执行"，即原则上只要当事人诉请行政救济，起诉就会发生使行政行为停止执行的效力。即使行政机关认为有特别需要必须要对行政行为予以即时强制，也须提出特殊理由。而针对行政机关提出的理由，原告还可经由一种急速程序申请法院审查其合法性。这样做的目的是避免违法的行政决定执行后给当事人造成难以补救的损失，也避免法院在完成对行政决定的审查前，行政机关就通过擅自执行而造成事实完结的后果。在此，个人权利保障的有效性明显被置于立即执行所欲维护的公共利益之上。

与德国不同，我国自1989年的行政诉讼法颁布至今都一直延续"起诉不停止执行"的立场，尽管行政诉讼法在2014年修订后增加了"停止执行"的例外情形，但在当事人更有效的私益保护和立即执行的公益之间，后者显然被赋予了更高权重。由此，即使当事人对行政决定的适法性存有争议而申请复议或提起诉讼，若行政机关自身有强制执行权，依旧可以在复议或诉讼期间强制执行。

这种更倾向于公益维护的制度选择当然会造成权利保障不力的后果。典型的如强制拆除案，如行政机关在诉讼期间已将其认定的违章建筑强行拆除，即使当事人事后拿到的是确认拆除决定违法的胜诉判决书，也只能申请国家赔偿而再无他法，正义此时虽未迟到但已基本无用。

治安管理处罚法中的行政拘留暂缓执行规定

"复议或起诉不停止执行"制度所产生的问题在治安领域表现得更加明显。因为公安机关自始都有强制执行权，在做出罚款或拘留决定后都可以立即执行，这样一来，即使当事人在被拘留后提起行政诉讼，法院也无法再将违法的行政决定予以撤销，而只能选择确认其违法。这种判决的效果当然不好，因为其根本无法彻底排除违法决定的法律效果，充其量也只是对当事人物质和精神损失的抚慰。

也正因如此，治安管理处罚法在行政复议法和行政诉讼法的原则性规定之外，又规定了例外。根据该法第107条："被处罚人不服行政拘留处罚决定，申请行政复议、提起行政诉讼的，可以向公安机关提出暂缓执行行政拘留的申请。公安机关认为暂缓执行行政拘留不致发生社会危险的，由被处罚人或者其近亲属提出符合本法第一百零八条规定条件的担保人，或者按每日行政拘留二百元的标准交纳保证金，行政拘留的处罚决定暂缓执行"，这一条说的正是"行政拘留暂缓执行"。

所谓"暂缓执行"就是拘留决定可以暂时先不执行。其欲避免的正是上文所说的，如果拘留决定违法，公安机关又强制执行而造成的事实完结和当事人的权利受损的后果。据此，如果只是以行政复议法为据就认为当地分局的处理违法，显然是忽视了治安管理处罚法中的特别规定。

"行政拘留暂缓执行"条款是2005年治安管理处罚法出台时修订的条款，此前治安管理处罚条例规定的是："对治安管理处罚提出申诉或者提起诉讼的，在申诉和诉讼期间原裁决继续执行。被裁决拘留的人或者他的家属能够找到担保人或者按照规定交纳保证金的，在申诉和诉讼期间，原裁决暂缓执行。"

治安管理处罚法在"复议或起诉不停止执行"原则外又规定行政拘留可暂缓执行，首先是因为行政拘留涉及当事人的人身自由，可说是所有处罚中最重的一类，其当然也要受到相较其他权利更多的保障。此外，如果公安机关在做出拘留决定后立即执行，被拘留人因为人身自由受限，即使想申请复议或提起诉讼，其行使救济权利也会相当不便。从此意义上说，"行政拘留的暂缓执行"也可说是对上文提及的"复议或诉讼不停止执行"原则的纠偏，其与刑事诉讼中的取保候审一样，也都是法治文明和进步的标志。

行政拘留暂缓执行为何那么难?

与治安管理处罚条例规定当事人只要找到担保人或交纳保证金就可暂缓执行拘留决定不同的是,治安管理处罚法对行政拘留暂缓执行的适用进行了严格的限定,并非当事人只要申请复议或提起诉讼就可暂缓,而是必须同时满足四个要件。

其一,被拘留人已依法申请了复议或提起了诉讼。

其二,被拘留人向公安机关提出了暂缓执行行政拘留的申请。

其三,公安机关认为对被拘留人暂缓执行行政拘留不致发生社会危险。

其四,被拘留人或其近亲属提出了担保人或交纳了保证金。

这就意味着,即使当事人已诉请行政救济或是向公安机关提出暂缓执行行政拘留的申请,公安机关仍旧有裁量空间可以继续强制执行。这也是在实践中此项条款鲜少被适用的原因之一。

除了在要件规定上相当严苛外,公安机关的裁量空间还体现在如何理解"暂缓执行行政拘留不致发生社会危险"上。《公安机关办理行政案件程序规定》第224条列举的不宜暂缓执行行政拘留的情形包括:"(一)暂缓执行行政拘留后可能逃跑的;(二)有其他违法犯罪嫌疑,正在被调查或者侦查的;(三)不宜暂缓执行行政拘留的其他情形。"

从上述列举来看,公安机关决定不暂缓执行的空间相当宽泛,只要其认为被拘留人可能逃跑、干扰和阻碍证人作证、串供、毁灭、伪造证据或再次实施违法犯罪,都可做出不执行暂缓执行行政拘留的决定。与刑诉中司法机关"构罪即捕,一押到底"的模式一样，治安管理处罚中公安机关同样倾向于"应拘尽拘"，这也同样成为此项条款较少适用的原因。

行政拘留决定暂缓执行被很少适用的原因还在于，如果不是熟谙治安管理处罚法，几乎很少有当事人知晓在治安管理领域存在和刑诉中的取保候审一样的制度，甚至我的刑法和刑诉同事在初看此案时，也同样以为暂缓执行是公安机关对王五开的特例。

而不知晓的直接原因又在于公安机关的不告知。治安管理处罚法和《公安机关办理行政案件程序规定》虽然规定了暂缓执行拘留决定的实体和程序要件，却未规定公安机关在做出拘留决定时有义务告知当事人其可申请暂缓执行。治安管理处罚法规定的行政拘留处罚决定书必须包含的内容，也只有："被处罚人的个人信息；违法事实和证据；处罚种类和依据；处罚的执行方式和期限；当事人不服处罚决定时的复议和诉讼途径。"

因为公安机关并不负担权利告知义务，加之适用要件规定严苛，治安管理处罚法的"行政拘留暂缓执行"虽然立意很好，但在实践中几乎沦为"沉睡"条款。平时被虚置几乎无人知晓，在本案中却突然被适用，这也是王五案曝出后，公众质疑公安机关是否对王五网开一面的背景原因。

治安管理处罚的目标追求

本案曝出后，已有学者指出，本案适用暂缓执行可能存在程序瑕疵问题。因为根据治安管理处罚法和《公安机关办理行政案件程序规定》，要完成行政拘留的暂缓执行至少要经过如下步骤。

首先，被拘留人向做出拘留决定的公安机关提出暂缓执行申请，在其提出暂缓执行申请前，被拘留人也已就拘留决定申请了复议或诉讼。

其次，公安机关对被拘留人暂缓执行行政拘留的社会危险进行审查，并在认为暂缓执行不致发生社会危险后，告知被拘留人提出担保人或者交纳保证金。

再次，在被处罚人或其近亲属提出担保后，公安机关还要对担保人是否符合法定条件进行审核，并要求被拘留人足额交纳保证金。

最后，在满足了上述所有条件后，公安机关制作暂缓执行行政拘留决定书并送达被拘留人。

上述程序步骤要全部完成，所花费的时间应该不少。在警情通报中，王五及其友人在当日凌晨打人，警方在次日就已对其做出暂缓执行行政拘留的决定，给出的理由也只是，其已申请行政复议所以暂缓执行拘留决定，而非公安机关进行认真核实，认为暂缓执行不致发生社会危险。

但即使程序上存在一定瑕疵，目前也无充分证据证明，当地分局对王五暂缓执行行政拘留决定是违法的——公安机关一贯应拘尽拘，在本案中却少见地适用暂缓执行，的确会有双标之嫌，但既然法律已明确规定被拘留人有此项权利，就同样不能因为他身份特殊或地位显贵就剥夺其应有的权利。当地分局的此次处理提醒我们，治安管理处罚法中存在保障被拘留人合法权利的条款，此项长期"沉睡"的条款今天可以适用于王五，未来也适用于所有符合法定条件的被拘留人。

刑法学的同事常说,"少捕慎诉,囹圄空虚"是他们一直的追求。同为国家惩罚机制,行政拘留的目标又何尝不是"少拘慎拘"呢?既然已经意识到"复议或起诉不停止执行"给当事人权利造成的损害,那就应该尽可能地放宽行政拘留暂缓执行的要件;尽可能地避免在拘留决定适法获得澄清之前,立即就对当事人执行行政拘留从而造成无法挽回的损失;尽可能地在执行拘留决定时以暂缓执行而非以立即执行为原则。

由此来看,当地分局对王五的此次处置或许会激活一项好的制度,使其不致再沉睡虚置。如果真是如此,这大概也是王五对推行法治所做的积极贡献吧。希望此案在公众广泛关注下能获得妥当处理,也希望本案传递出的"少拘慎拘"立场能惠及所有的普通人。

自由的价值

孩子生病而不救治，父亲"无罪"？

2023 年，因一篇媒体报道，作家张三以父亲的身份重回大众视野。张三在 2008 年罹患肺癌后，退隐至某山区，打造了一座城堡，和妻儿一起隐居。

在这种近似桃花源的故事背后，却隐藏着令读者不安的情节。2022 年的 6 月 1 日，张三年仅 13 岁的儿子张四猝然离世。作为父亲的张三对儿子的离世表现得很平静，宣称"张四没出任何意外，没有任何痛苦，是上天突然接走他的"。

随着故事的推进，张四的离世有了更清晰的说明。在出生时，他就被医生诊断为心脏尚未愈合。上一年级时学校进行常规体检，也检测出张四的心率异常。

面对孩子的身体异样，张三的态度始终是选择不治，还主张人在面对疾病时就要"掩耳盗铃""视而不见""自欺欺人"；在同父异母的哥哥将张四带去医院检查，确诊为心脏二尖瓣膜闭锁不全，需要做微创手术后，张三的说辞依旧是"心脏怎么能动？不能动的除了心脏，还有脑"。在张三的坚持下，张四一直没有接受心脏手术，最终夭折于 13 岁。

刑事责任最终可能都无法证立

尽管这个故事被书写得相当诗意，但我们仍能够发现其中存在的可疑问题：当一个孩子被确诊为心脏病需要手术，父母可否基于自身的信仰和认知拒绝为其医治？

站在法学的专业角度，我们也必须谨慎求证：这种不作为有没有可能构成刑法上的虐待罪或遗弃罪？

根据这篇报道，张三似乎是个神秘主义的信仰者，在罹患癌症而身体靠着隐居世外的"换水"得以恢复后，他对神秘力量的信仰变得更加笃定。也正是这份笃定，使得他坚持不为患有心脏病的儿子实施手术医治，而选择通过所谓的自然方式调养。

在这篇报道的评论区里，有很多网友留言认为，张三的行为已经构成了犯罪。初看这篇报道时，我也一度非常认可这种观点。但与刑法老师反复讨论后，却发现无论是被定虐待罪或是遗弃罪，其刑事责任最终可能都无法证立。

虐待罪是行为人经常以打骂、冻饿、捆绑、强迫超体力劳动、限制自由、凌辱人格等方法，从肉体和精神上持续地迫害、折磨、摧残共同生活的家庭成员。就虐待行为而言，既包括积极的作为，例如殴打、捆绑、禁闭、讽刺、谩骂、侮辱、限制自由、强迫超负荷劳动，也包括消极的不作为，如有病不给医治、不让吃饱饭、不给穿暖衣等。

尽管同时包括消极的不作为，虐待罪的认定却不能只是纯粹的不作为，还包括施虐者在主观上也必须有对家庭成员进行肉体和精神摧残、折磨的故意。因没有虐待的故意也无积极的虐待行为，张三尚不构成虐待罪。

另有一种观点认为，张三是否构成了遗弃罪？

遗弃罪是行为人对于年老、年幼、患病或者其他没有独立生活能力的家庭成员，负有抚养义务而拒绝抚养。拒绝抚养，既指对有抚养义务的人长期不予照顾、不提供生活来源、驱赶或逼迫被害人离家，致使其流离失所或生活困难，也尤其包括在被抚养人患有严重疾病或生活不能自理时，不提供救助导致其陷入危险境地。

从上述界定看，张三不给儿子看病似乎与遗弃罪的要件构成相符，但遗弃罪同样要求行为人有逃避或向他人转嫁应由自己承担的抚养义务的故意。张三不给儿子医治并非为逃避抚养义务，他只是固执于自己的认知拒绝为儿子进行手术，其间仍送儿子进行中医调养，因此也不存在遗弃罪的故意。

孩子的医疗救治究竟谁说了算？

由此来看，即使众多旁观者对张三延宕孩子治疗感到十分遗憾甚至愤懑，但在现行刑法秩序之下，将之治罪却显得非常牵强。

那么，倘若在法律上不追究其责任，又该如何回应文章揭示出的令人不安的问题呢？在张三因自身认知而不给儿子医治，甚至不让儿子正常上学的故事背后，分明能看到一个自恋型人格的父亲对于子女命运的操控和权利的剥夺，而这显然与现代法律对未成年人的保护互相抵牾。

宪法第49条，一方面将儿童保护明定为国家义务，另一方面则确认"父母有抚养教育未成年子女的义务"，最后更明确禁止虐待儿童；民法典所规定的监护制度，也规定"父母对未成年子女负有抚养、教育和保护的义务"；未成年人保护法同样明确规定，未成年人的父母或者其他监护人应当履行未成年人的监护职责，不得实施虐待、遗弃、非法送养或实施家庭暴力等行为，且不能"放任或者迫使应当接受义务教育的未成年人失学、辍学"。

法律规定了父母的监护义务，但如何履行监护职责却属于父母的自决事项，也就是说，父母对子女的监护和教育既是义务也是权利。

在日常生活中，孩子看病就医、读书求学都要有监护人的知情同意，正是这种义务和权利合体的表现。但正因权利与义务合体的复杂构造，从父母的监护权中就会引发另一突出问题：孩子的医疗救治父母说了算吗？如果孩子罹患疾病，父母基于信仰认知或各种事由而拒绝为其医治，国家有权干预和强制吗？

这一问题，又指向另一个核心：未成年人事项，究竟是国事还是家事？

与本案案情类似的，有美国法上的"Baby Doe"案。在该案中，一对夫妻生育了一个患有唐氏综合征，外带食道气管瘘的孩子。尽管这种疾病可以通过手术修正，但唐氏综合征带来的先天缺陷却会使孩子未来智力低下，也会给父母家庭带来沉重负担。在产科医生的暗示下，这对父母选择不对孩子进行手术，放任让孩子死去。

在医院的伦理委员会将这对夫妻告上法庭后，美国地方法院最终裁决：父母有权对自己孩子的医疗作出决定，包括有权做出不治疗的决定。

由于舆情喧嚣，美国在此案后又通过了"Baby Doe Law"。该法案规定，父母拒绝提供必要的医学治疗，与拒绝提供水分、食物一样，应被视为对儿童的虐待。而且，即使父母不同意救治，在特殊情况下为挽救儿童的生命，医生也可以无视父母意愿而进行强制治疗。

其理由是，在面对孩子的生命权时，父母的宗教信仰、自主选择甚至监护权都必须让位。如果父母做出危及孩子生命的错误决定，国家不仅有权力也有义务积极介入以保护孩子的利益，即法律必须保障未成年人在成年后还有决定自己生死的机会，所以在他们心智未成熟之前，父母就只能丧失决定让孩子去死的权利。

与此类似，德国也出现了很多父母放弃对孩子的医疗而被法院判刑的案例。在2015年的一起案例中，联邦最高法院认定，父母在未成年子女生病时不予正规医疗救治的行为构成虐待罪。当孩子存在长久持续或反复显著的肉体和精神痛苦，父母即使不存在折磨的故意，但只要是漠不关心或因怯懦而对孩子的痛苦置之不理，就已经符合《刑法典》虐待罪中有关"折磨"的主观要求。

由此来看，无论是德国还是美国，新近都通过扩张对虐待的解释，而将父母拒绝对孩子医治的行为归入犯罪。

其原因在于，成年人有基于自身认知的健康选择自主权，哪怕是消极的不治疗，但不应将这种观念付诸不具备选择能力的未成年人身上，否则就会构成对孩子生命危险的漠视和放任。

再回到张三案，据医学专家的意见，张四所患的"马方综合征"，如果采取积极正确的疾病管理，能明显改善患者的预期寿命；但如果延误诊疗甚至拒绝就医，就会随时面临死亡的风险。医学专家同样判定，对于张四这么小的孩子，如果不是离群索居且无医疗介入，"死亡完全是可以避免的"。

因此，如果本着未成年人生命权优先的原则且采取扩张后的虐待解释，张三在不存在经济障碍的前提下，仅仅因"反现代医学"的偏执而拒绝带孩子就医，有被认定为虐待罪的可能。

未成年人事项，究竟是国事还是家事？

我们常说，未成年人保护，既是国事，也是家事。父母有权利和义务抚养教育未成年子女，国家也有保护儿童的义务。

在一般情形下，这两者看起来似乎并无矛盾，内在却暗含着矛盾和张力。未成年人保护法规定："保护未成年人，应当坚持最有利于未成年人的原则。"但是，何为"最有利于未成年人"？对此，究竟应由国家还是父母来判断呢？

在家庭至上的观念看来，父母对未成年子女的监护和教育权应优先获得保障，而国家必须对此保持尊重和克制。父母可按照自己的价值观自由抚养和教育孩子，其教育权高于其他的教育主体。

如果依此观念，对于父母未将孩子送去学校而选择在家自学，或是送去诸如女德班这样的私塾，国家就无权干预；对于孩子罹患疾病时，父母是否选择救治以及选择何种方式救治，国家也无权置喙。唯有在父母通过肉体或精神折磨和虐待孩子或将其彻底遗弃时，国家才有权介入家庭事务。

与此相反的观念却认为，孩子既是父母的，同样也是国家的。国家为自身存续有权按照理想公民的形象对未成年人予以塑造，父母的监护权和教育权也相应要有牺牲和退让。

这种家庭至上还是国家主义的教育观，首先就会在未成年人能否在家自学的问题产生冲突。

在本案中，张三不仅未为孩子医治，还不愿让张四去学校接受主流教育，这一点同样引发大众质疑。义务教育法第58条规定："适龄儿童、少年的父母或者其他法定监护人无正当理由未依照本法规定送适龄儿童、少年入学接受义务教育的，由当地乡镇人民政府或者县级人民政府教育行政部门给予批评教育，责令限期改正。"

但是，父母是否有权决定让孩子居家学习或是接受义务教育之外的其他教育，在实践中一直存有争议。在这背后所展现的仍是家长和国家在未成年人教育问题上的权力竞夺，体现的是教育多样化与素质均质性、一体性间的矛盾调和。

如果在法律上采取强国家主义，的确能够化解父母基于极端信仰或是纯粹讳疾忌医而耽误孩子医治的难题，也可以杜绝将孩子送去女德班这种乱象的发生。但需要警惕的是，一旦允许国家介入就必然意味着个人权利的限缩，意味着父母教育权的退让；国家统一监管会带来秩序和安全，但也一定会消解多样化的教育和个性化的抚育，进而蚕食父母借由自主监护所构筑起的家庭壁垒。

因此，相对于父母监护权的优先性，国家原则上只应充当儿童保护的最后一道防线。国家应当充分尊重父母的基本权利，而不能将父母矮化为某种统一教育理念的执行机关。

不过，父母对子女的监护也绝非毫无界限。在法律上，对心智未成熟的未成年人而言，父母有对孩子事务的优先决定权；但这种决定权的行使，同样会处于国家的监督之下，即照护和教育子女是父母的天然权利，但国家有权监督这种权利的实践，以确保父母对监护权的行使不会导致儿童权利的损害和剥夺。

父母与国家，两者间的关系虽然复杂，却非简单的你进我退的二元对立，而是要共同服务于儿童利益最大化的基本目标。

在父母放弃对孩子医疗问题上，美国和德国的刑责立场变化，体现的正是将这两种对立冲突在具体情境下予以重新调和的趋向。这些域外经验也提示，在紧急情况下，当医生面对拒绝为孩子救治的父母，一方面应尽到充分沟通和说服的义务；另一方面，也要赋予医生寻求国家帮助的可能，允许医生在紧急情况下可不经父母同意而对儿童实施紧急救助。这些做法，的确构成了对父母监护权的限制，却因目标在于儿童生命权的保护而获得了正当性。

当我将这个故事讲给八岁的儿子听，问他不给孩子治病的父亲是否应被判刑时，他的回答是："这个爸爸失去了孩子心里已经很难受了，而且他不给孩子手术也一定不是想让孩子死去，可能就是怕孩子疼痛，为什么还要惩罚他呢？"

文学作品总会无限拔高和美化父母之恩，但有时孩子对父母的爱和信赖远远超过父母对孩子的。养育本身就是一种恩赐，希望每个父母都能对得起孩子的爱和信赖。

没事找事就是"寻衅滋事"？

某地一名韦姓男子因将户口本上儿子的名字修图改成"韦我独尊"，而被行政拘留5日的新闻最近引起热议。[1]事情的具体原委是：韦某给儿子在户口本上登记的名字原为"韦某某"，但韦某觉得名字不够霸气，于是花钱将常住人口登记卡上儿子的名字改为"韦我独尊"，后发送至微信朋友圈炫耀。修改后的霸气姓名引来一众网友评论和转发，也引来当地民警的关注。在查证户政人口登记系统中并没有姓名登记为"韦我独尊"的居民，户口页上的明显属于修图处理后，柳江警方以韦某"虚构事实、哗众取宠"为由，认为其违反治安管理处罚法第26条，构成寻衅滋事而对其做出行政拘留5日的处罚。

新闻一出，公众哗然，因为即使不是专业的法律人，仅凭朴

---

1 南国今报：《柳州男子把户口本上儿子名字P成韦我独尊并炫耀，被行拘5日》，载澎湃新闻网，2019年8月31日，https://www.thepaper.cn/newsDetail_forward_4304199。

素的直觉，也会明显感觉这样的处罚似乎并无充分的理据。本案涉及的核心法律问题有二：其一，如何理解治安管理处罚法中所规定的"寻衅滋事"？其二，韦某随意修图并发在朋友圈的行为是否属于"寻衅滋事"？上述问题看似并不复杂，但在行政执法中却适用不一、争议纷杂。本文对于韦某改名案件的分析也围绕上述问题展开。事实上，"寻衅滋事"本身早就因为其模糊未定的意涵以及繁杂不一的适用，而成为治安执法中的一个谜团。

如何理解作为行政违法的"寻衅滋事"？

"寻衅滋事"作为应予行政处罚的行政行为规定于治安管理处罚法第26条。该条的具体内容如下："有下列行为之一的，处五日以上十日以下拘留，可以并处五百元以下罚款；情节较重的，处十日以上十五日以下拘留，可以并处一千元以下罚款：（一）结伙斗殴的；（二）追逐、拦截他人的；（三）强拿硬要或是任意损毁、占用公私财物的；（四）其他寻衅滋事行为。"

本条款中并没有对寻衅滋事的一般性阐释和展开，寻衅滋事只是作为第26条所列举的应予处罚行为的兜底，这也给理解"寻衅滋事"本身造成困难。依照法解释的一般方法，对一个法律概念的阐明可通过文义解释、历史解释、逻辑解释和体系解释等方法获得，对其适用也应在适用这些解释方法并综合评判的基础上进行。

从立法背景来看，"寻衅滋事"作为应受处罚的行为而被纳入行政处罚法明显是受到刑法的影响。刑法第293条规定了"寻衅滋事罪",该条的行文与治安管理处罚法第26条几无二致:"有下列寻衅滋事行为之一,破坏社会秩序的,处五年以下有期徒刑、拘役或者管制:(一)随意殴打他人,情节恶劣的;(二)追逐、拦截、辱骂恐吓他人,情节恶劣的;(三)强拿硬要或者任意损毁、占用公私财物,情节严重的;(四)在公共场所起哄闹事,造成公共场所秩序严重混乱的。"

如此看来,作为犯罪的"寻衅滋事"与作为行政违法的"寻衅滋事"在行为样态上并无差异,区别似乎只在"情节恶劣或严重"的要件上。这也说明,刑法领域此前对于"寻衅滋事"的行为规范界定也应该且能够为行政执法所参考。

作为一个意涵极其模糊、边界异常不定的概念,"寻衅滋事"在刑法中的适用同样争议众多。为明晰其界限,最高人民法院、最高人民检察院曾在2013年7月颁布的《关于办理寻衅滋事刑事案件适用法律若干问题的解释》中对"寻衅滋事"的行为做出具体界定,认为其基本表现形态就是"行为人为寻求刺激、发泄情绪、逞强耍横等无事生非"。坦白讲,上述界定在多大程度上能够为"寻衅滋事"进行明晰确定的法义说明,笔者并不确定,所谓"为寻求刺激、发泄情绪、逞强耍横等无事生非"看起来似乎都在强调行为人的主观恶意。这些恶意简单归纳就是"没事找事"。

在立法者看来,这种行为的可罚性就在于,作为有序共同体之下的一员,我们都对共同体的统一秩序负有责任,也理应确保自身的意愿和意愿支配下的行为都是为维护和增进共同体秩序的一致性,如果基于一己私愿,无事生非、没事找事,就属于对统一的共同体秩序的偏离和破坏,因此也就具有了可罚性。刑法学者认为，从功能主义角度而言，此罪的存立是为了弥补其他罪名的打击不足，作为一项堵截式的罪名予以兜底适用。但也正因为其兜底惩罚的功效，寻衅滋事与此前的流氓罪一样成为在司法中常被滥用的口袋罪。实践中，因不断上访、在网上发帖、在公共场所涂鸦等行为而构成"寻衅滋事"，并因此获刑的极端案件不在少数，这也一再提示我们这种口袋罪与现代刑法"罪刑法定"原则之间的龃龉冲突。

再回到作为行政违法的寻衅滋事。经由上述分析，其与作为犯罪的"寻衅滋事"在行为背景上系出一脉，并无二致。从法秩序整体以及刑法与治安管理处罚法之间的连接观察，立法者的基本考虑可确定为：此类"为寻求刺激、发泄情绪、逞强耍横等无事生非"且扰乱公共秩序的行为，如果"情节严重或是恶劣"就构成犯罪，如果未达到获刑标准则会落入行政处罚。而最高人民法院、最高人民检察院此前颁布的《关于办理寻衅滋事刑事案件适用法律若干问题的解释》也对各类典型的寻衅滋事行为的获刑标准进行了规定。由此，法秩序整体对于"没事找事"的行为构成了全方位、无漏洞的精准打击。

也因为上述逻辑，作为行政违法的"寻衅滋事"一方面当然承继了刑法将"寻衅滋事"行为予以追责的理由，另一方面在处罚的构成要件上也几乎能够与作为犯罪的"寻衅滋事"相互通约。其构成要件因此可基本总结为：其一，在行为样态上，行为人的行为表现是"为寻求刺激、发泄情绪、逞强耍横等无事生非"，其典型样态为"结伙斗殴、追逐拦截他人、强拿硬要或者任意损毁、占用公私财物"，但并不以此为限；其二，其行为后果必须构成对公共秩序的扰乱；其三，行为人有相应的主观恶意。

此处还需要注意的是：刑罚的处罚一般都要求行为人的主观恶意，认为行为的可罚性主要在于其主观恶意，即个人在自由意志支配之下，仍旧选择或放任犯罪行为的发生，其行为才具有可责难性，才应受到制裁惩戒。

但从我国行政处罚实践看，客观归责似乎成了主流做法，即行为人只要客观上实施了应予处罚的行为，行政机关就可据此处罚，而不再对其主观意志进行调查追问，相应地，相对人无论其是否具有主观故意或过失，也都不再能成为免除处罚的事由。

这种做法主要是基于行政执法便利的考虑，既然行政处罚相较刑罚明显较轻，而且行政案件数量又远超刑罚案件，采用客观归责自然更利于行政效率。但这种客观归责明显与惩罚的责任主义不相符合，与行政处罚法和治安管理处罚法本身规定的"处罚与教育"相结合的原则互相违背，也极易造成行政机关滥施处罚的后果。

哗众取宠、调侃戏谑是否就属于"寻衅滋事"？

在澄清了作为行政违法的寻衅滋事的构成要件后，我们再将视线移至韦某对于户口姓名的修图事件，具体分析其行为是否就属于治安管理处罚法中规定的寻衅滋事。与日常的美颜修图不同，这次韦某所修改的是居民户口本上的人口登记卡，其属于公民的重要身份证件。

从行政法的角度而言，户口本属于行政机关基于国家公信力而对公民身份或法律关系所做的具有权威性的行政确认。韦某将其儿子的名字修图成"韦我独尊"，极易给他人造成如下印象，即公安机关默许公民登记如此嚣张跋扈的名字。这种错误印象的传播也因此构成了对国家机关行为严肃性、权威性的极大冒犯。这些都成为公安机关处罚韦某的真正原因。在处罚机关看来，韦某借由改名所进行的调侃戏谑已不再属于自娱自乐，而是目标直指公共管理秩序的"没事找事"。但即便如此，韦某的行为就属于应予处罚的"寻衅滋事"吗？我们再以上文所归纳的寻衅滋事的构成要件入手分析。

从维护国家机关权威性角度而言，韦某修图改名确有不妥，但其在将儿子姓名修图修改之后只是在朋友圈发文炫耀，而并未对居民户口本上的人口登记卡进行实质性变造，也未用经修图修改后的居民户口本办理任何事宜，谋取任何利益。因此，从主观意图上看，其行为充其量只是满足一个初为人父的公民对于后代略显狂妄的期许，实在看不出有任何针对公权机关的挑衅成分，也没有确据可推断其有通过修改证件所欲达到的其他非法目的。

此外，从当地警方在调查发现韦姓男子将儿子的名字修图修改，即认为其寻衅滋事来看，似乎能够确认，如果韦某当初在给儿子办理户口登记时，申报的姓名真的就是"韦我独尊"，公安机关应该是不予准许的。这也让笔者联想到2009年发生的"北雁云依"案。[1] 在该案中，一位有艺术情怀的父亲决意给女儿起一个

1　最高人民法院第十七批指导性案例89号，《"北雁云依"诉济南市公安局历下区分局燕山派出所公安行政登记案》，2021年09月07日。

既不随父姓也不随母姓的诗意名字——北雁云依，在遭到派出所拒绝后起诉，由此引发全国首例姓名权行政诉讼案。

全国人大常委会随后在法律解释中规定，公民只有在不违背公序良俗时才能选取父姓和母姓以外的其他姓氏。法院依据该解释认为，"北雁云依"的名字具有明显的随意性，会造成对文化传统和伦理观念的冲击，既违背社会善良风俗和一般道德要求，也不利于维护社会秩序和实现社会的良性管控，因此驳回了原告的诉讼请求。

这起案件曾引发公法界的热议，对于法院的判决是否正当，学界也存有很多保留意见。这些特立独行的名字是否就真的属于违背公序良俗、挑战一般道德，恐怕需要进一步思考和商榷。公民在决定和使用姓名时，究竟有何种法律禁忌，又该如何在姓名自决与秩序管控之间平衡，实定法迄今没有明确规定，只能有赖行政机关在个案中自行把握。

既然民法典已经确认了公民的姓名权，除了那些明确冒犯民族情感、诋毁国家尊严的取名方式外，对于纯属标新立异的姓名，行政机关似乎还是应该多点宽容，毕竟审美上的参差多样才属于人生常态。从这个角度说，韦某的行为的确属于"无事生非"，但从主观意图上说，还是与典型的"寻衅滋事"行为之间存在差异。

在行政处罚中，构成"寻衅滋事"的另一要件还在于"扰乱公共秩序"这一客观后果。公共秩序的违反一般又以公共场所为地理边界。从技术角度而言，滋事行为发生在公共场所，引起多人围观，就极有可能会产生发酵效应，且最终被界定为"扰乱公共秩序"。

但在本案中，韦某在修图修改了儿子的户口本姓名后在自己的朋友圈中发送。尽管朋友圈因为个人交往和人际关系的叠套，范围并非封闭，在朋友圈中发送的信息也存在被大范围扩散和传播的风险（本案中，韦某在自己的朋友圈发送了修图信息后，也是因为被他人转发评论而最终引起警方的关注），但因此就将在朋友圈发送上述信息定义为扰乱公共秩序尚属不妥。其原因如下。

其一，朋友圈中的信息发送者虽然不能避免和排除信息被转发和扩散的可能，但其在朋友圈发送信息之时，大多并无大范围、无差别进行信息扩散的意图，而且扩散范围也还是有限，因此，微信朋友圈还是应与微博等在性质上就属公共场域的网络环境有所区别，否则因为人际关系的叠套，公 / 私在网络世界的界限将彻底消弭。

其二，如果连微信朋友圈都能够被理解为是网络化的公共场所，那么任何在朋友圈中发表的不当言论，都有可能被认定为是对国家权威的挑衅和对公共秩序的违反，且最终落入寻衅滋事的处罚之网，这也会使行政处罚的泛化和滥用无从避免。

除不应理所当然地将微信朋友圈界定为公共场所外，本案中警方认为韦某涂改儿子姓名，转发朋友圈，引发他人评论和转发，就认定其已造成对公共秩序的扰乱和破坏，这一结论认定同样显得牵强。这种逻辑的默认前提是，所有处于韦某朋友圈中的人对韦某发送的信息都笃信不疑，都认定公安机关许可公民在户口登记时取如此"狂妄嚣张"的名字。但作为经过长期网络信息洗礼的公众，我们早已确知朋友圈的信息并非都是事实，就像大多数光鲜的图片基本都是靠美图和滤镜加持一样。退一步而言，即使是韦某朋友圈的所有朋友都无法明辨世事，就真的认定该名字已获公安机关认可，韦某通过修图而编造和传播的虚假信息也不是什么危及公共安全和公共秩序的险情、疫情、灾情、警情等信息，将传播虚构姓名就认定其已经对公共秩序构成破坏，也实在有些言过其实。

冒犯公权属违法？

从一个理性国家应有的宽容态度出发，调侃、戏谑甚至冒犯公权都不应该被一律视为违法而予以处置。毕竟从治安管理处罚法的立法目的来看，其借由对违法行为人进行处罚所要保障的是"社会治安秩序，公共安全，公民，法人和其他组织的合法权益"，而并非公权机关及其工作人员的权威和颜面。

论及颜面，笔者又想起一则著名作家杰克·伦敦的轶事。在日俄战争期间，杰克·伦敦曾仗着天生的冒险精神，跑去朝鲜北部一个外国人几乎从未涉足的偏僻村落投宿。村里的官吏闻讯赶来，请求其去村里的广场让众人瞻仰。杰克·伦敦最初惊诧不已又暗自窃喜，以为自己的声名竟然远播至此。但当他赶到广场见到围得密不透风的人群时，官吏才请求他取下假牙让大家看看。原来众人赶来瞻仰的并非作为著名作家的杰克·伦敦，而只是他的假牙。一般人遇此处境大概会因强烈的羞辱感拂袖而去，但杰克·伦敦却在村民的掌声中将假牙时取时戴，足足展示了三十分钟。这则轶事读来辛酸，却让人真正感受到杰克·伦敦作为一名伟大作家的胸怀和气度。

如果说，能够容忍戏谑、接纳嘲讽，甚至敢于自嘲是个人成熟的标志，公权机关又何尝不是呢？从这个意义上说，在法适用的层面，韦某修改姓名的案件提示我们寻衅滋事作为行政处罚可能被泛化和滥用，公权机关应严守法律解释的边界，对于公众日常无伤大雅的戏谑调侃可保持理性的宽容和克制。

穿和服拍照何以涉嫌寻衅滋事

一名女生穿和服在路边拍照遭到警察大声训斥："你穿汉服可以，但穿和服不可以，你是中国人！"女生克制地询问："你这样大声吼可以吗？有什么理由？"警察回复："因为你涉嫌寻衅滋事！"遂将该女生带走。

该事件视频一经传出即引起公众哗然，即使不是法律专业人士，也感觉仅因当事人穿和服拍照，就认为其涉嫌寻衅滋事不仅于法无据，也明显与公众朴素的法感相悖，这个案例可说是寻衅滋事在实践中被滥用的又一典型例证。

寻衅滋事为何被不断滥用？

行政处罚中的"寻衅滋事"行为规定于治安管理处罚法第26条。该条具体内容为："有下列行为之一的，处五日以上十日以下拘留，可以并处五百元以下罚款；情节较重的，处十日以上十五日以下拘留，可以并处一千元以下罚款：（一）结伙斗殴的；（二）

追逐、拦截他人的;(三)强拿硬要或者任意损毁、占用公私财物的;(四)其他寻衅滋事行为。"

治安管理处罚法的此项规定对应的正是刑法第293条的"寻衅滋事罪"。后者的行文与治安管理处罚法第26条几无二致:"有下列寻衅滋事行为之一,破坏社会秩序的,处五年以下有期徒刑、拘役或者管制:(一)随意殴打他人,情节恶劣的;(二)追逐、拦截、辱骂恐吓他人,情节恶劣的;(三)强拿硬要或者任意损毁、占用公私财物,情节严重的;(四)在公共场所起哄闹事,造成公共场所秩序严重混乱的。"

如此来看,作为行政违法的"寻衅滋事"与作为犯罪的"寻衅滋事"两者在行为样态和要件构成上并无太大差异,二者的区别只在于情节上的轻重。

刑法规定寻衅滋事罪的原因,主要在于其有时的确可弥补其他罪名的打击不力。例如,在唐山打人案中,警方就是以寻衅滋事罪对几个打人者进行刑事拘留。其背景就在于我国刑法没有单纯的暴行罪,若故意伤害只是导致当事人轻微伤并无法构成故意罪,由此就会形成处罚漏洞,此时适用寻衅滋事就可作为一项堵截式罪名予以兜底。但寻衅滋事又脱胎于此前的流氓罪,且与流氓罪一样边界模糊、无所不包,并因此与罪刑法定原则之间存在严重冲突。尽管这一罪名可因其补充性功能而最大效率地实现刑法的惩罚功能,但也极容易蜕变为口袋罪而被扩张滥用。也是基于这一原因,很多刑法学者都主张废除此罪,而将其分解到其他犯罪中。

与寻衅滋事罪一样,治安管理处罚中的寻衅滋事同样因为规范不清、界限不明而常被滥用。此外，相比刑法第293条的明确列举，治安管理处罚法第26条第（四）项还包含"其他寻衅滋事行为"这样的兜底条款，这就更为公安机关的恣意处罚留下巨大空间。由此才就有了实践中诸多奇葩的被处罚事例。

如我们提到过的2019年某地韦姓男子，因将户口本上儿子的名字修图为"韦我独尊"并发送朋友圈，就被警方以寻衅滋事行为予以行政拘留；再如2018年一女子因拍摄城管列队行进视频，再配上"鬼子进村"的音乐上传短视频平台，同样被警方认定为寻衅滋事。而那些因多次上访或是在网上发帖，甚至在公共场所涂鸦，或是展示标语条幅等就被确认为寻衅滋事的更不在少数。

为明晰寻衅滋事的边界，最高人民法院和最高人民检察院还曾在2013年7月颁布的《关于办理寻衅滋事刑事案件适用若干问题的解释》中对"寻衅滋事"进行具体界定，认为其基本表现形态就是"行为人为寻求刺激、发泄情绪、逞强耍横等无事生非"。但这四个词语包含了太多道德色彩，对于在法律上区分哪类行为构成违法应予惩罚，哪类行为只是道德有亏几无助益。道德化的评价更使公安机关常常对在其看来不合道德伦理的行为，直接贴上"寻衅滋事"的标签而予以处罚。在这当中，最典型的就是被认为挑衅公权机关权威、冒犯国家工作人员情感的，上文所列的将儿子名字修成"韦我独尊"以及给狗取名为"城管""协管"的事例即属此类。

刑法实践在上述司法解释的基础上，还将寻衅滋事再区分为无事生非和借故生非两类。前者是没有任何缘由地寻求刺激、发泄情绪、逞强耍横；后者就是小题大做、借故生非。这两类列举虽然仍旧模糊，但刑法学理一般认为构成犯罪必须要有具体个人的法益侵害，如仅因逞强要横就对陌生人大打出手，或是因他人犯下丁点错误就揪住不放而毁损他人财物泄愤，此处还是要有具体个人人身和财产的损害。

这种对具体法益侵害的强调在某种程度上还能阻断寻衅滋事的泛化，但行政处罚因并不强调对个人法益的侵犯，相反，违反行政规范、干扰社会管理、影响社会秩序都会被认为构成行政不法，寻衅滋事的滥用也就更无从遏制。正因如此，行政处罚中的寻衅滋事也应与寻衅滋事罪一样慎用，否则就极容易构成对个人人身、财产甚至言论等自由的粗暴干预。

穿和服拍照到底侵犯了什么法益？

从法治主义角度而言，个人要受到诸如刑罚或是行政处罚这样的惩罚，除了其行为要满足刑法治安管理处罚法等具体规范所列举的行为要件外，还必须要有法益侵犯，否则其行为在法律上就不具有可责性。

所谓法益就是法律所明确保障的权利和利益，这种法益侵害可以是具体的，如对他人人身权、财产权的践踏毁损；也可以是抽象的，如对行政管理秩序的挑衅破坏，但绝不应是某种道德信仰、宗教信条、纯粹感情或是政治偏好，法律也不容许公职人员仅因自己不喜欢某种行为就随意对普通个人予以惩罚。

"法益"作为一个专业概念，在此充当的角色就是为国家的暴力干预设置界限，阻止国家的惩罚权仅基于公职人员的个人偏好就随意发动。这一认识对于寻衅滋事当然同样适用。

具体至本案，不仅女生穿和服拍照的行为难与寻衅滋事所要求的"为寻求刺激、发泄情绪、逞强耍横等无事生非"这些行为要件沾边，我们也完全看不出这里面到底存在何种法益侵害。视频中警察斥责女生："你穿汉服可以，但穿和服不可以，你是个中国人，你是中国人吗？"在警察情绪激动的斥责后，可看出其认为女生构成寻衅滋事的原因就在于，女孩作为中国人穿和服在公共场所拍照，冒犯了民族感情。

是否冒犯民族感情，并不能凭警察的一己偏见。公众人物直接身着军旗装拍摄杂志照片，此时评价其冒犯了民族感情还说得过去。但只是在日本风情街穿和服拍照就被认为是冒犯了民族情感，只能说纯属警察的主观臆想，这种认识几乎很难获得理性认同，也充分体现了执法人员的偏私狭隘。

此外，以冒犯民族感情作为处罚原因，其本身就界限模糊，也极容易将法律道德化。穿和服拍照的新闻曝出后，很多网友都评价，如果这种行为也要被处罚，那么接下来呢，是不是吃日料、玩动漫，甚至学日文都会被认为冒犯了民族感情？如此一来，冒犯民族感情就是寻衅滋事就得被行政拘留，又距离"欲加之罪，何患无辞"还有多远呢？

我们常说，法律和道德要适度分离，法律一般也只是对个人做最低的道德要求。其功能并非是对个人进行统一的道德规训，使之成为均质化的个体，法律的作用只是维护共同体在符合基本道德法则的基础上进行有效运作。这一点对立法如此，对执法也一样。执法者应严格恪守法律规范进行执法，而不能为纯粹的心愿、爱好，或推行某种价值伦理和道德判断就随意扩张法律解释，扩大处罚范围。如果不是为了创造一个让公民顺服且易于控制的社会，如果不是对个人的异类信仰、激烈批评或偏离规范的私人行为进行随便打压，那么惩罚就必须具有法律上的合法性，立法者或执法者的道德偏好并不能提供这种合法性。从此意义而言，如果对穿和服就被认为是寻衅滋事的执法方式不做检讨和反思，最终带来的就只能是处罚的不断泛化。

在穿和服就被认为是寻衅滋事的背后，反映的不仅是法律的模糊规定为执法者留下的巨大空间，还有执法者本身的自以为是和恣意妄为。因为权力的加持，他们似乎很容易就将自己幻想为正义的化身，可以对他人随意开启道德审判甚至发动国家惩罚，而完全无视其自身也要受到法治的约束，也要恪守权力的界限。所以法治从不对权力抱有良善的假设。相比于行政违法甚至犯罪，不受约束、恣意妄为的公权力行使才更要值得警惕。

写作色情小说到底是什么自由

一个出身贫寒的小姑娘，因为写了一本耽美小说而获刑10年零6个月。判决公布后，最强烈的质疑声来自读者群体，最集中的质疑意见即写作色情小说，哪怕是专门服务于少数群体的色情小说，也是个人的言论自由，既属言论自由就不应限制，"因言获罪"也不符合多元开放的现代法治社会的基本逻辑。

尽管在刑法学者看来，讨论言论自由对于"天一案"的理性理解和妥适处理几乎毫无助益，但作为一名宪法学者，这个案件背后的权利与限制问题还是激发了个人的强烈兴趣，因此本文并不涉及"天一案"的刑事责任究竟如何认定，定罪量刑是否妥当，涉及的只是其背后所折射出的权利及其限制问题。

色情作品就不是艺术吗？

因为涉及书籍的出版发行，"天一案"被曝出后，最多的意见即认为此案干预了少数群体的言论自由。这种意见典型是受美国法律的影响：只要涉及个人意见及其表达，原则上不论其是否具有一般意义上的社会价值，是否符合主流的伦理标准，都属于言论自由的辐射领域。但美国法上的言论自由范畴太广，何种言论需要保护，又要给予其何种保护，须放在具体个案中进行类型分析。因此，我还是借由德国法上的"艺术自由"来说明"天一案"的权利问题。

宪法上的艺术自由，即个人通过艺术形式所进行的表达自由。但本案中第一个让人质疑的问题就是色情小说是否属于艺术。我们通常的认识是，色情与艺术是相悖的，我国刑法就把淫秽物品归类为"毫无艺术价值的作品"。但这一结论早在20世纪80年代德国的"约瑟芬·穆岑巴赫尔案"中就已被颠覆，德国联邦宪法法院在该案中宣称，"艺术与色情并不互相排斥"，因为对于"艺术"的界定，"并不依赖于国家对艺术作品风格、内容和水准的控制，或是作品本身的客观效果"。

德国法对于艺术自由如此宽容的态度，与艺术自由在其宪法中的整体定位有关。作为一个强烈受到实证法思想影响的国家，德国《基本法》将大部分基本权的界定、展开和保障都诉诸"法律保留"，也就是说立法机关可以借由法律来对权利本身予以规定和限制，当然对于限制基本权利的法律，宪法同样加诸非常严苛的限制，以防止立法借由对基本权的限制而彻底排除此项权利。但有意思的是，在整部宪法中，唯独宗教信仰自由、艺术自由和学术自由，没有被附上法律保留的限定要件。

"无法律保留"也就意味着不由社会中的多数意见决定，意味着其本质上是少数人的自由。具体到艺术自由，何谓艺术，并不能交由大众意见来主宰定夺。这一认知中所包含的远见卓识，只要具备零星半点的艺术史常识的人都会理解，不管我们这些普罗大众有多不情愿都得承认，艺术作为人类活动的最高成就之一，它的确是由人群中的极少数人推进的。对于大多数人而言，我们的审美基本上都由他们所引领甚至塑造。也因此我们对艺术的判断欣赏，相对于艺术家的创作本身总是存在滞后性。这也是鲜有画家在活着的时候，作品就能入驻卢浮宫的原因。

行文至此，也许会有人质疑，艺术自由的保护意旨可以理解，但天一所写作的小黄书何以就能扯上艺术了？坦白讲，天一涉案的文学虽然我也搜来看了看，但没超过五页就不忍卒读，书开篇没有任何铺垫即展开露骨的性爱描写，完全不符合我们对于文学作品的预设，此外性爱场景居然还发生在中学教室，这个无疑对我们这些以教书育人为志业的教师而言，是一种严重的情感冒犯。但艺术自由所强调的，恰恰就是不能以大众的情感、认知和伦理标准去对作品的艺术性予以评断。对于此类文学中所包含的意涵，一位网友曾总结"是女性试图进行情欲探索的新尝试，蕴含了其对于性的丰富想象"，其提供给女性"超越现有的父权结构和异性恋规范规训，从而更自在自如地享受色乐，纵情想象的机会"。

如此的情爱描写如何就能激发和丰富女性的情欲想象和施展，我还无从体会，但既然这个社会已然存在数量众多的少数群体，且她们都能从此类文学中获得如上总结的情感抚慰和性欲投射，那么这些文学中的艺术性恐怕就不容我们这些传统异性恋者所轻易否定，即使这些作品极大挑战甚至是亵渎了大多数人的情感和伦理。

相信很多文艺青年都曾痴迷过毛姆的《月亮和六便士》，小说所表达的并不只是"有人低头捡便士，有人抬头看月亮"的人群对照，而是一种对艺术的极致颂赞。艺术之美在书中甚至超越了道德本身，具有了至高性，只要画家最终创造了美，其他众人庸常地生活、受苦、被愚弄甚至死去，都仿佛是值得的。我们能够一眼看穿里面的反道德性，但沉浸其中，我们依旧会觉得为了艺术，即使把灵魂交付给魔鬼也没任何所谓。

艺术与道德之间的背离可能并不会构成对艺术本身的绝对否定，更何况人类的道德要求也不是岿然不变的。福楼拜当年写作《包法利夫人》时，也曾因对于主人公放荡举止的描写而被起诉"不道德"，但这些不道德的成分丝毫未影响《包法利夫人》在世界文学史上始终占有一席，且当年让检察官觉得"令人震惊、难以置信"的情节，在今天看来实在太规矩不过了。也许就像此类文学所提示的，人类的性实践本身就是不断逾越不断丰富的过程，在今天看来惊世骇俗的，经年后也许就会被认为是稀松平常。

艺术既与色情互不排斥，也可能与道德互相违背，为什么艺术不能交由大众意见做决定？因为艺术自由所保障的恰恰是少数人的自由。从这个意义上说，即使天一写作了一本在多数人看来是纯粹的毫无艺术价值的小黄书，但其行使的仍旧是艺术自由。这个问题就如开篇所提到的德国的"约瑟芬·穆岑巴赫尔案"一样，尽管专业鉴定人员认为，"该书只是有关主角性生活的色情写真以及卖淫实录"，但联邦宪法法院仍旧认为，既然"该作品表现为小说的样式，而且是作者自由艺术构想活动的结果呈现"，它就依旧属于艺术自由的保障领域。

艺术自由的限制与限制方法

上面谈到了艺术自由的少数性和脆弱性，它不由大众意见所左右，也不能被主流观点所主宰，但这并不意味着，艺术自由就是毫无边界、毫无限制的。一般的公众意见总是认为，如果某个事项恰恰就属于公民的基本权利，那么就不能对其予以限制，这种思路带来的恰恰就是基本权利保护"全有或全无"的极端做法。这种做法忽视人类社会的复杂性和价值的多元性，对复杂现实进行了非常武断的简单操作。事实上，任何权利都不是无限的，都有其可限性，这一点放在任何宪法文化下都能理解也都适用，有所差异的只是限制的方式以及背后的思考。

与艺术自由相互冲突的价值常常就是青少年保护。据说"天一案"的缘起也是因为有家长发现正上高中的女儿私下翻阅天一所写的书籍。同为未成年孩子的家长，我完全能够体会那位家长当时的惊惧和愤怒。艺术自由所保护的法益，相对于防止对青少年造成道德伤害的法益，应该有所退让；国家在保障艺术自由时，同样须履行对青少年道德危害的保护义务，避免青少年在两性看法和人格发展方面，遭受可能的不良影响，这些都是理性社会的一般共识。

但基于对青少年的保护而对艺术自由的限制也不能走向绝对。如果认为艺术自由和青少年保护相比，后者绝对居于优位，艺术自由在面对青少年保护时应毫无理由、毫无边界地退让，体现的仍旧是价值一元的观念。因为艺术作品中的何种元素会对青少年产生道德危害并无确据，即使是那些已经享有盛誉的艺术作品，也有可能会对青少年造成不良影响。众所周知，《少年维特的烦恼》出版至今，已有无数青少年效仿书中主人公的自杀行为。

因此，在两者发生冲突时，并不能概观地赋予某种价值在保障位阶上的绝对性，也不能武断地认为，某类艺术作品原则上必然会危及青少年道德，更理性的做法应该是具体地评估艺术作品的危险与后果，继而再决定它们各自的内在界限。

德国曾颁布《危害青少年书籍传播法》，将"包含不道德、淫秽色情、残忍情节、煽动暴力、犯罪或种族仇恨以及歌颂战争的书籍"，列入禁书名单，禁止向青少年出售。但某类书籍是否有可能并有多大可能会危害青少年，根本没有严谨的科学调查和充分的经验证明。因此，立法者在评判某类作品时可谓慎之又慎，为论证某类书籍是否会对青少年产生危害，立法者曾邀请社会学、性学、精神病学、心理学、教育学、法医学、犯罪学、神学、哲学、法学领域的诸多专家以及刑事警察、社会福利、少年辅助以及教育领域的事务工作者进行过广泛的听证。

在该法规定"禁书鉴定委员会"的人选构成与遴选程序时，同样诉诸缜密细致的规范："审查局由联邦少年、家庭、妇女和健康事务部部长任命的主席，各州政府任命的一名陪审人员，以及联邦部长任命的其他陪审人员组成。陪审人员的组成人员应包含以下领域的人士：1.艺术界；2.文学界；3.书商；4.出版界；5.青少年协会；6.青少年福利团体；7.教师界；8.教会、犹太教文化团体和其他宗教团体，以及根据上述团体所建议的其他公法团体"。而上述做法背后的考虑就是，基本权利应予限制，但施与这种限制应该慎之又慎，否则就会导致基本权利经由限制而被彻底排除和掏空。

上述做法给我们的启示还在于，一种基本权利所维护的法益极有可能与其他法益相互冲突，立法者并不能概观地赋予某种法益以绝对的优先位置，使其毫无例外、毫无限制地享有永远的优先保障，相反，应本着实践调和的立场和态度，对相互冲突的权益经充分权衡，具体对比各自权重，从而使所有的法益都能在宪法秩序之下获得最妥善的衡平。

"天一案"的余想

"天一案"涉及复杂的法益冲突和权衡，我们能够从学理上对其中的宪法问题和法理问题予以评断分析，但此案最终却以刑事案件的方式呈现，以天一个人最终被刑事制裁所终结。在理论漫谈、制度构建和个人生命体验之间似乎存有一个巨大的鸿沟，它使很多问题都被异化和扭曲。就如"天一案"中，我们从实证法的角度似乎找不出案件判决本身的实质性漏洞，但想到一个家境贫寒的小姑娘因为写作黄书就获刑十年，又会深深地为之扼腕叹息。

这一点让我回想起电影《无名之辈》，其中的落魄保安，终其一生都在憧憬当上辅警，为此不惜付上生命的代价。就在看电影的前一天，我参加硕士生论文答辩，其中一位同学写的恰恰就是辅警规制的问题。一边是我们在教室里坐而论道，要求严格辅警的选拔条件，另一边是这个制度所涉及的那些鲜活的个体人生，其中的反差带给我的震荡在心中久久不能消退。

人类社会由诸多差异的个体所组成，这也注定了其中始终会激荡着多元冲突的价值利益，而且这种复杂性和多元性伴随社会演进只会越来越加剧。我们由此也会越来越深刻地体悟，所有为我们珍视的价值最终都会在单一的体系中融洽交互，任何一种价值不会因调和另一种价值的需要而被牺牲或损害，本质上都只是浪漫的，甚至是幼稚的乐观主义。为权衡调和这些复杂多元、相互冲突的法益，我们需要更谨慎更缜密的思考判断，也需要更理性更开放更高端的社会治理系统。

　　例如，在处理艺术自由和青少年保护的冲突时，早就有呼声呼吁借鉴域外经验纳入文艺作品的分级制度，但分级制却始终不露端倪；德国法在判断艺术作品是否对青少年产生道德损害时，会成立多元开放的鉴定团体，但我们却交由所谓具有职业资质的鉴黄师个人决定。对于复杂社会的法益冲突，如果我们仍旧采取简单粗暴的管理方式，不仅永远无法弥合理论和现实的鸿沟，其后果也最终都由具体的个体来背负和承受。

艺术如何在战争中选边

在人类社会中，战争从未消失。借助网络，发生于千里之外的战争仿佛近在咫尺，饱受战争之累的普通人比比皆是。每次读到或看到战争中死去的普通人，都会想到让－吕克·戈达尔《疯狂小丑》中，女主角在听到越南战争死亡人数播报时的那句台词："无名这东西真是可怕，光说游击队死了一百一十五人，是什么都搞不清楚的。根本不知晓具体每个人的情况——有没有妻子儿女，喜欢戏剧还是更喜欢电影，全都一无所知。只知道死了一百一十五人。"

受战争影响的艺术家

受战争影响的又不只是普通人，还有享有盛名的艺术家。俄乌战争一爆发就有消息称，慕尼黑市长向慕尼黑爱乐乐团的首席指挥俄罗斯音乐家捷杰耶夫喊话，要求其对俄乌战争明确表态，否则就不能再担任乐团指挥。就在我和朋友还在疑惑这则消息的真假时，更确定的消息传来，慕尼黑市长已解雇了捷杰耶夫的首席指挥职位，还威胁要将其赶出德国。

基于朴素道义而反对战争可以理解，但将情感宣泄的矛头对准同样无辜的俄罗斯人就令人难解。被战争殃及的还有在北京冬奥会上大放异彩的俄罗斯花滑三套娃，这些处于短暂黄金年华的运动员在自己的职业巅峰期，同样因为祖国发动战争而被禁赛。战争将普通人拖入险境，同样将这些艺术家和体育明星逼入困局。

艺术为政治所捆绑古而有之。即使被德国人自己奉为"指挥大帝"的卡拉扬，也因为二战中曾加入过纳粹党而在战后遭到政治清算。对比卡拉扬在政治立场上的妥协，人们更颂赞意大利指挥家托斯卡尼尼，他因为拒绝跟法西斯合作曾在剧院门前被暴打。

在正义和邪恶已有明确定论的时候，有人被塑造为英雄，就有人被贬低为败类。此时人们已经不再去想，如果二战中的卡拉扬没有纳粹党人的身份，就不会再有演出机会。而让一个对艺术成就有无限追求的音乐家，在事业黄金期就付上这样的代价，接受这样的命运，无疑也是种苛求。

因解聘而受到影响的艺术自由

捷杰耶夫因未"叛国"而被解雇，解雇理由不仅在劳动法上站不住脚，还侵犯了其职业自由。支持俄或乌，可以成为朋友间不点赞不互动甚至互相拉黑不再往来的理由，却难以成为解雇的合法事由。要求在政治倾向上绝对一致才能继续共事，是典型的附加在职业自由之上的不当联结。

慕尼黑市长解雇捷杰耶夫还涉及对宪法上艺术自由的干预。宪法上的艺术自由，是个人通过艺术形式所进行的表达自由。作为宪法基本权，各国宪法对艺术自由的规定不一，保护力度也不同。典型的如我国宪法和德国宪法的区别。

我国宪法第47条规定："中华人民共和国公民有进行科学研究、文学艺术创作和其他文化活动的自由。国家对于从事教育、科学、技术、文学、艺术和其他文化事业的公民的有益于人民的创造性工作，给以鼓励和帮助。"从此条的语词表述和位置安排来看，艺术自由在我国与其他大部分基本权利一样，享有同等的保护强度，也接受同样的规范约束。而这种规范约束又来自宪法第51条："中华人民共和国公民在行使自由和权利的时候，不得损害国家的、社会的、集体的利益和其他公民的合法的自由和权利。"这也意味着国家基于公共利益的考量完全可限制个人的艺术自由。

如果以青少年保护或者维护他人名誉权为由去限制艺术自由尚可理解，但若以受益人群和受益内容都相当模糊的"公共利益"去限制艺术自由，就很容易造成这一权利被排除和掏空。公共利益很容易被化约为多数人的意见，但艺术自由中的艺术却不适合交由大众来判断。这一点只要诉诸艺术史就可获得理解，我们大多数人的审美基本上都由极少数的艺术家引领甚至塑造的。也因此，我们对艺术的判断欣赏，相对于艺术家总是存在滞后性。这也是为什么"乐圣"贝多芬在活着的时候，只能靠谱写圆舞曲这样的应景小品来换取微薄收入，以供养自己那些被后世誉为不朽之作的交响曲。

与我国宪法不同，德国《基本法》对艺术自由采取了相当宽容的态度，艺术自由没有被附上法律保留的限定条件，意味着不由社会中的多数意见所决定，意味着其本质上是少数人的自由。但无法律保留并不意味着艺术自由就毫无边界、毫无限制。在德国，对艺术自由构成限制的包括其他宪法价值和他人基本权利，但艺术自由的界定与展开却不为大众认知所左右。

艺术自由为何不能由一般道德左右？

艺术自由不受法律保留的约束，不为公众意见所左右的另一原因还在于，公众意见中往往裹挟了道德和意识形态，这些同样会造成对艺术的伤害。艺术有时会跟道德尤其是一般公众的伦理认知出现背离，但此时就能够以道德之名来贬损和压制艺术吗？在这个问题上，我和罗翔老师总是存在明显的意见分歧。

他常常用来例证艺术需服从于道德的是瓦格纳。在他看来，瓦格纳吸收了叔本华的悲观主义和费希特的民族主义。他不仅和他的头号粉丝希特勒分享同样的价值观，甚至在精神上喂养了这个战争狂人。同样是他在乐剧中"对往昔的追颂、对英雄主义的赞美、对军事价值的称许、对非理性的嘉赏"，煽动起德国人的狂热。

的确，瓦格纳在其最著名的乐剧《尼伯龙根的指环》开篇就预言了诸神的黄昏，让兄妹乱伦生下屠龙英雄齐格弗里德，并在最后一幕写下只有彻底焚毁旧世界才能开启新秩序，这些都与伦理抵牾。而这部乐剧中无处不在的对神的蔑视，将万物毁于一旦才能迎来重生的极端想法，也与虔诚、克制、理性的观念相悖，但即便如此，瓦格纳就真的该为纳粹暴行负责吗？这部恢宏巨制就没有艺术价值吗？作为一个艺术爱好者，我并不能认同如此简单的归责和判断。不能认同的原因有三。

其一，艺术家异于我们这些普通人的恰恰在于其独特敏锐的感悟力，而要获得这种感悟可能就需要挣脱寻常道德的束缚。如果给艺术套上道德的枷锁无疑是给审美定下僵化的法则，驯化所带来的只能是艺术最大的敌人——不自由。

其二，艺术要展现的正是复杂的人性和幽微的情感。它并不只颂赞光明和伟大，同样会揭示丑陋和黑暗；它让人体会至上的荣光，也洞见幽暗的深渊。相比"伟光正"，那些描写人性丑恶与软弱的作品，如三岛由纪夫的《金阁寺》、太宰治的《人间失格》等之所以更具吸引力，也更经久不衰的原因，可能就在于这些作品映照出我们自己，也让我们在更深程度上理解自己。人可以丑陋卑劣至此，也可以堕落软弱至此，或许因此我们才能有自我救赎的勇气。

其三，如果艺术都要符合道德，那么又如何判断艺术是符合道德的呢？道德标准并非清晰明确、岿然不变，而一部艺术作品所包含的道德意蕴在不同人眼中也完全会有不同的解读。我们今天听到贝九交响曲，尤其是其中的《欢乐颂》，大概率会想到四海之内皆兄弟的场景。当年柏林墙被推倒，伯恩斯坦同时指挥六个交响乐队演出这部交响乐，也是借此表达万民齐欢天下大同。但谁又能想到二战中日本发动珍珠港袭击时，那些俯身冲向地面的日本飞机上播放的也是这首乐曲？再说回瓦格纳，纳粹们可以听着瓦格纳的歌剧，把犹太人推进毒气室，但今天人们婚礼上播放的音乐却也来自瓦格纳，更不用说像《星球大战》《现代启示录》《惊魂记》等诸多经典电影的配乐，也基本都是瓦格纳歌剧的选段。与冷酷、极端和狂热的情感想象不同，此时的瓦格纳又代表着忠贞、圣洁、坚毅和勇气。也因此，让复杂脆弱的艺术去符合飘忽空洞的道德，最终造就的可能只是以道德之名来打压艺术、阉割艺术。

捷杰耶夫的音乐会带毒吗？

报道称，捷杰耶夫被市长要求表态，是原因他此前跟普京交往过密。此处的逻辑同样经不起推敲。艺术家和体育明星被政权青眼相加相当常见，但仅凭这一原因根本无法推断出捷杰耶夫本人支持战争。再退一步讲，即便他内心亲近普京认同战争，难道经他诠释的柴可夫斯基和普罗科菲耶夫也一样带了"嗜血好战"之毒？在这个意义上，捷杰耶夫被解雇的事例再次证明，让艺术去附和道德，带来的后果还有以艺术家的道德倾向去粗暴评价其艺术作品。

而作品和其本人相去甚远的例子，在艺术史上几乎不胜枚举。李斯特那些温柔缱绻的乐曲大多都是他在和众多伯爵夫人小姐私奔的路上写成；陀思妥耶夫斯基在《罪与罚》中颂赞上帝、躬身自省，但他的真实人生却是赌博酗酒至死未休；托马斯·曼被誉为德国当代最伟大的作家，但从日记书信中居然发现这位文学巨匠对孙辈怀有暧昧不明的情愫。在我们看来，这些人的真实人生都不符合道德，但是否要因其人生劣迹而禁绝他们伟大的艺术作品呢？依此逻辑，大部分的艺术家可能最终都要从艺术史名单中被删除。

捷杰耶夫没能站出来替自己的祖国"认真反思"就被认为是支持战争的，可真实情况却是这个中国人口中的"姐夫"，在2016年就曾带着交响乐团远赴战火中的叙利亚，在饱受战火蹂躏的帕尔米拉古城举行了音乐会，是实打实的反战人士。捷杰耶夫被解雇后，很多网友戏谑，那以后干脆就不要再听柴可夫斯基，不要再看陀思妥耶夫斯基了。可笑的是，这个戏谑之言居然成真了，欧洲已有不少乐团宣称在此特殊时期不再演奏柴可夫斯基和肖斯塔科维奇。受到牵连的还有被排挤出欧洲电影节的俄罗斯电影，被要求禁赛的俄罗斯运动员，最荒谬的甚至还有因宠物机构抵制而不能参加欧洲宠物展的俄罗斯猫咪。

什么才是艺术的良知？

在捷杰耶夫被解雇后，还有人评价艺术关乎心灵，关乎良知，所以解雇这个俄裔指挥家完全可以理解。但什么又是艺术的良知和心灵慰藉呢？它应该是被德军封锁而饿殍遍野的列宁格勒上空响起的肖斯塔科维奇的《第七交响曲》；是二战期间同样支撑柏林人民熬过漫长冬夜的富特文格勒指挥的贝多芬；是纽约新冠疫苗接种留观室里，华裔大提琴家马友友在现场拉奏的巴赫无伴奏大提琴组曲，而绝不是在艺术家身上贴上标签，或者粗暴要求艺术家必须在战争中选边，甚至愚蠢宣称再听柴可夫斯基就是对和平的背叛。

很多赞成上述做法的人又都将对俄罗斯艺术家、运动员甚至普通个人的抵制视为对俄发动战争的反制。因为是你首先挑动了战争，我由此回击也就无可厚非。甚至连美国大都会歌剧院近期都宣布解聘俄裔首席女歌唱家，将其位置让予另一位乌克兰歌唱家。但这种针对个体的盲目制裁就真的是反战吗？个人难道就应沦为简单的政治正确和价值优越的牺牲品吗？在捷杰耶夫被解雇时，我的一位好友赋诗形容这种虚伪荒谬的道德满足感："魔鬼让人自我感觉良好／以为自己很牛／正确到可以侮辱消灭别人的程度／它就是这样杀人的。"

战争会激发起交战双方的狂热和亢奋，以至于做出非理性的行为。但这种毫无边界毫无原则的互制导致的只能是"比烂"，"比烂"思维不仅会造成道德的持续滑坡，也会让个人在战争混乱中彻底丧失价值标准。支持和平、反对战争是大部分人的朴素道德，但以这种方式反战却是对和平的玷污和贬低。如果将反战都诉诸非理性，最终的结果并不会是和平，而是矛盾和撕裂的无限加剧，是世界的再次极化。在仇恨和抵制持续加剧时，有必要重述奥古斯丁的名言："邪恶是高尚的堕落，因此我们更应用高尚对抗邪恶，而不是用邪恶去反制邪恶。"

劣迹艺人封杀与职业禁入

著名演艺人员李四曝出因嫖娼而被行政拘留。因为属于艺人劣迹，在警方确认李的违法行为后，中国演出行业协会发起对李某某的从业抵制，中国音乐家协会取消了其会员资格，此前参与制作的视听作品和广播电视作品也被下架。这个曾经在古典音乐圈中成就斐然的艺术家，面临演艺事业可能就此终止的命运。

阳春白雪的音乐家因为嫖娼而导致的滤镜破碎，使公众对李四事件的讨论，相比此前其他因劣迹而被封杀的流量明星更热烈。从扼腕叹息到厉声谴责，再到后期开始有学者和专业人士质疑，将李嫖娼的行为公之于众，似乎有违行政处罚法中有关处罚公开的规定，属于对李个人隐私的侵犯，对于李四事件的讨论在此呈现更大的意见分歧。

劣迹艺人封杀引发的法律争议

其实，任何事件发生的时候，人群都会有撕裂的意见，这一点并不稀奇。而网络的匿名化也使得意见的表达更便利也更无顾忌。但此事件最终指向的法律问题是，对劣迹艺人的全面封杀和未来的行业禁入是否合法妥当？在严厉惩戒的背后是否会有限制过当，进而削减或排除个人权利的问题？

嫖娼属于法律禁止的违法行为，公众基于自身的情感认知和道德判断对从事此类行为的演艺人员进行谴责并无不当。大众对明星的评价，只要不是散布他人隐私、攻击他人人身、诋毁他人人格，就都属于言论自由保障的范畴。但李四在被行政处罚后能否再从事演艺事业，制作唱片、发行专辑，甚至公开举行演奏会，却不属于公众凭借自身的主观好恶就能决断的事项，而应诉诸法律去寻求答案。这里涉及对行政违法是否能附加行业禁入、设置行业禁入的合法性前提以及吸毒和嫖娼人员的权利限制与限制限度等诸多问题，而这些问题又都关涉一个个活生生的个体的生存乃至尊严，并不能轻易就委以喧嚣的公众情绪和简单的道德判断。

行业禁入的法律性质

"劣迹艺人"的称呼最早来自2014年9月广电总局下发的"封杀劣迹艺人"的通知，该通知将"吸毒""嫖娼"行为明确点名属于"劣迹"，要求由"劣迹艺人"参与制作的电影、电视节目、网络剧、微电影等暂停播出。

为整肃演艺环境，2021年中国演出行业协会发布的《演出行业演艺人员从业自律管理办法》同样规定，根据演艺人员违反从业规范情节轻重及危害程度，协会将监督引导会员单位在行业范围内分别实施一年、三年、五年和永久等不同程度的行业联合抵制，并协同其他行业组织实施跨行业联合抵制。按照该办法，吸毒、嫖娼被归入"违反法律法规、违背社会公序良俗的行为"，有此类劣迹的演艺人员也当然属于演出行业协会实施行业抵制的对象。

行业抵制带来的直接效果就是从业禁止或者说行业禁入。因违反法律规范而被限制从事特定的职业或活动的规定，在此前的刑事和行政法律规范中就已存在。例如，刑法修正案（九）在第37条后增加一条："因利用职业便利实施犯罪，或者实施违背职业要求的特定义务的犯罪被判处刑罚的，人民法院可以根据犯罪情况和预防再犯罪的需要，禁止其自刑罚执行完毕之日或者假释之日起从事相关职业，期限为三年至五年。"行政法中明确的行业禁入规定于证券法以及证券投资基金法，其中既有对活动的禁入，如"在一定期限内直至终身不得从事证券业务、证券服务业务"，又有对身份的禁入，如"不得担任证券发行人的董事、监事、高级管理人员"。禁入前提都是从业人员有违反公司法的行为，或是此前已是从事证券服务的专业人员，却因违法或者违纪行为而被证券单位开除。

行业禁入并非我国行政处罚法明确列举的处罚类型。在行政处罚法修改之前，国务院和中国证监会发布的多份复函和通知（例如《国务院法制办公室对中国人民银行关于金融违法行为处罚办法有关问题的请示复函》《关于进一步完善中国证券监督管理委员会行政处罚体制的通知》）中也都指出，"行业禁入"并非行政处罚，而是"非处罚性的行政监管措施"。

将行业禁入排除在行政处罚之外，其显见效果就是规避了行政处罚法对于行政处罚的约束，这里尤其包含处罚设定的法定原则、处罚程序中的公众参与和透明要求等。但从其本质特征来看，行业禁入又的确是限制和剥夺当事人从事某种行为资格与能力的惩戒行为，属于行政处罚中的资格罚。而且行政处罚法对于行政处罚行为的规范已开始采取概括加列举的方式。据此，即使某种行为不属于行政处罚法明确列举的处罚种类，只要其符合行政处罚的概念要素，尤其是包含"以减损权益或者增加义务的方式予以惩戒"的制裁性要素，就应被归入行政处罚的范畴，也应受到行政处罚法的规范。

行业禁入的法律规制

与刑罚一样，行政处罚兼具一般预防和特别预防的功能。所谓特别预防，是通过处罚措施而使违法者无法再次违反行政管理秩序；一般预防，则是通过对违法主体的惩戒，对其他公民产生威慑作用，以减少未来此类违法行为的发生可能。相比其他处罚，行业禁入具有更明显的特别预防性，这种特别预防又通过在原有处罚基础上，再对相对人予以额外制裁而达成。其设置逻辑在于，因为行为人此前滥用职业或职务便利进行相关违法行为，为对其再犯予以重点预防，由国家公权机关根据对其人身危险性以及再犯可能等要素的综合评估，对其进行一定期限的从业禁止。因为几乎禁绝了行为人的从业可能，其对当事人的负担施加和不利影响相比警告、罚款、暂扣或吊销许可证照等都要严重得多。

特别预防的背后又是对公共利益和社会秩序的维护。如果说禁止违法违纪的证券从业者再从事证券活动或是出任某类职位，是为了维护证券秩序的话，那么对于演艺人员的行业禁入，则是基于公序良俗、行业形象和文化秩序的考虑。艺人因其明星光环会对公众尤其是青少年产生示范效应。也因此，对违法失德的劣迹艺人进行行业禁入，既能够对其他从业人员产生震慑，也能避免其再对大众尤其是青少年产生负面影响。

但对抽象公益的维护却不能忽视其可能影响到的个体的私人利益。对于被施以"行业禁入"惩戒的艺人而言，这种处罚无疑是对其职业自由的干预和剥夺。因为全行业的联合抵制，劣迹艺人会在一段时间内甚至是永久性地失去了从事演艺事业的可能。职业自由属于公民的一项基本权利，虽然未被明确写入我国宪法，但从宪法第42条的"劳动权"条款中能够推导出，公民享有自由选择从事或不从事某种特定工作的权利。在职业自由上附着的还有个人借由职业能够获得财产收益和行业声誉。据此，如果被施以行业禁入的处罚，除职业自由外，行为人被限制和剥夺的权利还包含财产权和名誉权等其他权益。

既然攸关个人权益的限制和剥夺，对行业禁入的设定就应该尽可能地客观审慎。行政处罚法为避免行政机关乱设处罚和滥施处罚，明确规定特定类型的处罚只能由特定的规范来设定，所谓"处罚法定原则"。既然其损益效果比警告、罚款、暂扣或吊销许可证照更严重，行业禁入的设定也理应由较高层级的法律规范做出，而不能委于层级较低的行政规章或其他规范性文件。从域外经验看，举凡涉及公民基本权利的限制或剥夺，又几乎都属于法律保留的范围，并不能交由行政机关任意处置。

回到案件中涉及的设定行业禁入的《演出行业演艺人员从业自律管理办法》。这一办法由中国演出行业协会发布。在其官网上，该协会的属性被介绍为是"由民政部批准成立的国家一级社团组织，受文化和旅游部业务主管，是由演出、网络表演经营主体以及相关领域的机构和从业人员自愿结成的全国性、行业性、非营利性社会组织"。既然仅属于社会团体而非国家公权机关，演出行业协会就并非适格的处罚设定主体；其颁布的办法也只是行业自律性文件，并非行政处罚法所认可的能够设定处罚的法定依据。也因此，演出行业协会是否有权依据办法对劣迹艺人做出行业禁入的处罚本身就会存疑。

大概也是基于这一原因，该办法第15条在规定对劣迹艺人的行业抵制时，使用的语词表述是中国演出行业协会根据道德建设委员会的评议结果，"监督引导"会员单位在行业范围内实施包括行业抵制在内的惩戒措施。"监督引导"表明中国演出行业协会的抵制呼吁只是进行行业指导，并不具有强制性。

但接下来的第16条在规定上又与第15条存在抵牾。照其规定，在演出行业协会发出抵制后，"中国演出行业协会各会员单位或者个人不得邀请、组织处于联合抵制期内的演艺人员参与演出行业各类活动，也不得为其提供其他宣传、推介等便利"。此处的表述已经属于明确的"禁令"。

法条间的龃龉其实凸显一个关键问题：中国演出行业协会向社会发出的抵制呼吁，其法律属性究竟是什么？如上文所述，无论是从行业禁入的法律属性以及法律要求的设定依据，还是从演出行业协会的社会团体属性而言，其向会员单位和个人发出的

"行业抵制"都更应被理解为行业指导，而非行政命令，是否遵从此抵制呼吁也取决于各会员单位和个人。这一点同样可通过该办法"总则"第6条的表达获得证明，该条规定对演艺人员违反从业规范所实施的是"自律惩戒措施"，即它并非源自国家公权机关的强制性命令和他律性惩戒。

将抵制呼吁视为指导并非命令，也意味着国家和市场在此处存在作用场域的划分。演艺人员因违反法律规范被施以相应的行政处罚，这属于法律的明确规定，也属于国家公权有权介入的领域。但其未来是否还能继续从事演艺事业，既然没有明确的、适格的法律禁令，就应交由市场或观众来判断，演出行业协会在此发挥的也只是引导作用。如果观众无法容忍艺人的过往劣迹，自然会通过用脚投票来予以抵制，会员单位也会根据市场评估来判断是否要为其继续提供演出机会；反之，如果观众能够理性地将演艺人员的艺术成就与个人私德予以区分，能够宽容其道德瑕疵，那国家公权机关也应对观众的选择保持尊重。这种尊重的背后是对多元价值的宽容，也是为劣迹艺人提供改过自新的机会。

永久抵制符合过罚相当原则吗？

这起案件关涉的另一个问题还在于，在演艺人员嫖娼后，国家公权机关其实已根据治安管理处罚法的规定对其违法行为予以处罚，再通过永久抵制的强制性命令彻底剥夺其再次从业的机会，是否会涉及对个人权利的过度限制。

除处罚法定外，过罚相当同样是行政处罚的核心原则，其要求处罚的实施应与违法行为的事实、性质、情节以及社会危害程度相当，而不能过度处罚，否则就会因为违反手段和目的的均衡性而对个人权利造成过度侵害。这一点在案件直接涉及的《演出行业演艺人员从业自律管理办法》第6条中也有明确体现："对演艺人员违反从业规范实施自律惩戒措施，应当遵循客观公正、公开透明、公平审慎的原则，坚持教育与惩戒相结合，违规情节与惩戒措施相适应，以事实为依据，依法依规开展工作。"

嫖娼从其行为属性来看，属于行政违法而非犯罪。因为没有明确的受害人，其所挑战和破坏的主要是社会管理秩序。治安管理处罚法也将其规定在"妨害社会管理的行为"一节。法律为此配置的惩戒方式是行政拘留和罚款："卖淫、嫖娼的，处十日以上十五日以下拘留，可以并处五千元以下罚款。"通过规定行政拘留和罚款，法律其实已经对当事人的违法行为予以了相应惩戒，此时再追加其他处罚，就需要对所追求的目的和影响的法益予以仔细权衡。是否过罚相当，也要在公益保护的重要性和权利侵害的严重性之间获得检验。

上文述及行业禁入涉及的主要是当事人的职业自由，而此类处罚的设定目的又在于对行为人可能利用职业再犯予以特别预防。因此，在法益权衡的天平一端是作为当事人基本权利的职业自由；另一端则是特别预防的必要性和紧迫性。一方面，相比那些成瘾性犯罪，特别预防的紧迫性和必要性在行政违法行为这里表现得并不明显；另一方面，因对个体生存具有重要意义，职业自由又在基本权利中居于较高的位阶次序。两相权衡，通过强制性命令对涉及行政违法的公民予以终身禁业就显得有失公允。其实即使是办法本身也要求，演出行业协会要"根据演艺人员违反从业规范情节轻重及危害程度，分别实施1年、3年、5年和永久等不同程度的行业联合抵制"，换言之，进行永久抵制的只能是那些极端恶劣的行为，而不应是包括行政违法行为在内的所有违法违纪行为。

再对比刑法，其对于职务犯罪的行为人追加的"行业禁入"，其期限也只有"三年至五年"，而且对此类犯罪人附加"行业禁入"并非必须，是否追加须由法院根据犯罪情况和预防再犯罪的需要进行合义务的裁量。从这个意义上说，既然行政违法行为的社会危害性明显不及犯罪，那么即使出于特别预防的目的或是特定秩序的维护而对其追加"行业禁入"，惩戒期限也不应比刑法的规定更长。

此外，无论是刑法还是行政法在设置行业禁入时，都应同时考虑另一项重要价值，即此项制度的设置和实施是否会对违法犯罪人重新回归社会造成严重障碍。如果无限期地限制或剥夺个体的权利资格，无限度地通过劣迹标签对其予以区别对待，不仅会极大侵害违法行为人应有的权益，也很容易就导致非因法律规定的歧视待遇，其最终结果就是将违法行为人终身推到社会对立面，完全不利于其重新回归社会。非因极重要的公益保护的迫切性和必要性，就不应对个人权利予以无限期的剥夺，这一观念的本质是为了避免仅为预防犯罪和违法的需要，就将个体彻底客体化和工具化，其所确保的仍旧是每个个体人格尊严的实现。

公众人物是否要有更高的道德要求？

演出行业协会对演艺人员的劣迹行为施以终身禁业的严苛处罚，背后原因还有对公众人物的道德要求。其逻辑在于，既然演艺人员占据公共资源，对社会公众有广泛影响，就应符合更高的道德标准，所谓"欲戴王冠，必承其重"。但对演艺人员设定过高的道德要求，又通过惩戒威慑而将此道德要求转化为"德艺双馨"职业要求，是否妥当同样值得探究。

法学上在探讨公众人物的权利问题时，一般都会聚焦于以下两个问题。

其一是相比普通人，公众人物是否会因其特殊身份而在隐私保护上有所退让。尽管各国对此问题的处理方式会有不同，但无论是演艺人员还是一般公众，其实都已接受演艺人员尤其是大众明星须让渡一部分隐私权，对并不干扰其生活的公众窥探应予适度容忍的观念。但这种适度退让并不能逾越必要限度。在李四案中，警方未做任何脱敏化处理第一时间就将其嫖娼行为公之于众，已经有违行政处罚法所规定的行政处罚决定原则上不公开，唯有涉及重要公益时才例外公开的原则，因此也构成了对其隐私权的不当干预。

其二是演艺人员的艺术自由能否豁免道德要求的问题。各国对此问题的立场同样存在差异。例如，德国宪法就认可艺术自由具有少数人特质，不能交由一般大众意见处置，也因此将其归入无法律保留的基本权利，其目的就是避免公众借由所谓的"道德法则"对艺术自由予以捆绑与侵蚀。在我国宪法中，艺术自由并非无法律保留的基本权利，而是与其他基本权利一样，都要受到国家利益、社会利益和他人权利的约束，因此并不能逾越一般的道德界限。但无论是否认可艺术自由要受制于一般的道德判断，从以上讨论中都无法推导出，演艺人员或公众人物相比普通人应有更高的道德要求。

如果法律仅因演艺人员或是公众人物拥有社会影响，会产生示范效应，就无限度提高对其的道德要求，反而会凸显家父主义的趋向，即其并不认为普通公众有理性判断能力，也倾向性地认为只要允许劣迹艺人继续留在舞台，就一定会对公众造成精神污染。其实但凡理性成熟的个体，都会理解和觉察人的复杂性和多面性，也会适度宽容演艺人员在光鲜亮丽的舞台形象之后，同样会有软弱、虚荣甚至是幽暗的一面。这是人之为人的弱点，公众人物也不能幸免。所以对他人错误的宽容又何尝不是对自身弱点的体谅。再回到因嫖娼而跌下神坛的李四，他的行为触犯法律需要惩罚，但因此就对他彻底污名，否认他所有的艺术成就以及为此付出的艰辛努力，同样属于对个人简单粗暴的道德鞭挞。

基于对人复杂性和多面性的体察，法律一般只应对个人做最低的道德要求。其功能并非无限度地提升每个个体的道德水平，而只是维护共同体在符合基本道德法则的基础上有效运行。如果将法律转化为对道德的至高要求，其最终导致的就可能是法律本身的虚无；而当个人感觉法律已是对其道德的过度要求，那么人群和社会也同样会陷入荒谬和虚伪。一如电影《狩猎》提醒我们，他站在道德的制高点上，他站在阳光下狩猎，我们无处逃遁。但是，谁又是没有罪的呢？

网络的秩序

污人清白真的没有代价吗

公众人物、影视明星遭遇网暴在如今似乎已成为稀松平常之事，如果予以对抗，还会被斥责是玻璃心，承受谩骂和攻击俨然就是作为公众人物应该偿付的代价，所谓"欲戴王冠，必受其重"。网络化的时代，不光公众人物会遭遇口水喷洗、谣言攻击，很多普通人也难逃被网暴的厄运。

越来越流行的社死

疫情期间，某地女孩被确诊为新冠肺炎患者，根据国家疫情防控规定，其行踪轨迹随即被披露。就因为在被确诊前曾去过几间酒吧，这个女孩的私生活图像就被网友肆意描摹，并对其人品予以无端攻击。甚至有网友将确诊女孩的姓名、身份证号码、个人社交账号等隐私信息全部曝光在网上。这一事件最终在某地公安机关对涉事当事人予以行政拘留、市委书记呼吁市民尊重他人隐私后才宣告收场。

在另一起著名的网暴案件中，某地一个年轻女孩去小区门口取快递时遭到便利店老板偷拍。该老板其后编造虚假的微信聊天记录，炮制出"富婆出轨快递小哥"的剧情，并配以女孩的影像资料发至网上。在并未弄清真相的情形下，众多网友就掀起对这个女孩的无情鞭挞。女孩经此打击丢了工作，找新工作又被拒，最终罹患抑郁症。在接受媒体采访时，这个女孩坦陈这种网暴已使自己彻底陷入"社会性死亡"。

"社会性死亡"是近来流行的另一网络用语，形容个体在网络被公开处刑后而颜面尽失。使这一词汇在今年热议流行的还有另一起某高校"摸臀门事件"。

某高校一女生在学校餐厅就餐时，因臀部被触碰了一下，就认定是经过的一个男生对其性骚扰。在尚未弄清真相前，就将涉事男生的隐私信息发至自己的朋友圈，言之确凿地认为对方"摸我屁股"，宣称要让该男生"社会性死亡"。最终由视频监控还原的真相却是，涉事男生只是经过该女生时，书包碰触到了女生臀部。其后，涉事女生以"此事并非无中生有，希望你能理解我的反应，并且以后能注意这些可能冒犯人的地方"的敷衍方式向男生道歉，并删除了朋友圈信息。但在这个女生发圈后至真相被还原前，男生还是不可避免地遭遇众口铄金的谩骂。

网暴同样属于暴力

无论是网暴还是致人社死，最典型的做法都是曝光隐私、捏造事实、污人清白。在"某地确诊女孩事件"和"某地女子被造谣案"中，施害人都是通过这种方式毁人名誉。但污人清白就要受制裁，这一点属于毫无疑义的法律诚命。我国治安管理处罚法第42条第（二）项就规定："公然侮辱他人或者捏造事实诽谤他人的"，"处五日以下拘留或者五百元以下罚款；情节较重的，处五日以上十日以下拘留，可以并处五百元以下罚款"。

所谓"公然侮辱"是以暴力或是其他方式，如言语、文字、图画等，贬损他人人格，诋毁他人名誉的行为。与治安管理处罚法的上述规定相互衔接，我国刑法第246条同样规定了"侮辱罪"，如果公然侮辱他人的行为，已达到情节严重的程度，就会构成犯罪且须接受刑罚处罚。

公然侮辱他人的行政违法行为和侮辱罪所侵犯的法益，是个人的名誉权以及包裹在个体每项基本权利中的人格尊严。我国宪法第38条明确规定："中华人民共和国公民的人格尊严不受侵犯，禁止用任何方法对公民进行侮辱、诽谤和诬告陷害。"

人格尊严作为每项基本权利的内核，是每个个体独立的、合尊严存在的法律根基，因此不容包括国家在内的任何他人随意践踏和贬损。除名誉权和人格尊严外，在网暴和致人社死的案件中，常常涉及的还有个人的隐私权和信息权，而民法典也已将此类权利明确写入私权保护的范围，不容任何组织和个人随意践踏。

现实世界的侮辱行为通常以暴力性行为进行，如以粪泼人、以墨涂人、强剪头发、强迫他人做有辱人格的动作等。但在网络的虚拟空间中，侮辱行为则主要表现为使用恶毒刻薄、残忍凶暴的语言、文字、图片、视频，散布他人隐私，攻击他人人身，诋毁他人人格。侮辱行为接受行政处罚和刑罚的前提都在于必须

"公然进行"。

所谓"公然"侮辱，是指当着第三者甚至众人的面，或者利用可以使不特定人或多数人听到、看到的方式，对他人进行侮辱。因为只有是公然进行，才会使被害人的名誉受损。相比现实世界中"公然"的有限性，在网络世界中，发言成本低、联合成本低导致施暴力量更容易被迅速聚合，参与群体更广，也会形成更大的破坏性和杀伤力。

在"某地确诊女孩事件"中，公安机关最终是依据治安管理处罚法第42条，对随意散布他人隐私、捏造事实侮辱他人的当事人予以行政拘留。

而在"某地女子被造谣案"中，公安机关最初也是认为便利店老板"利用信息网络公然侮辱、诽谤他人，属情节严重"，对其进行拘留9日的处罚。但该女子认为，便利店老板的侮辱行为已达到刑法"侮辱罪"所要求的"情节严重"的程度。施害人捏造事实贬损他人人格，煽动网络暴力，已致该女子丧失工作，并罹患抑郁症。而这也属于司法实践中认定的手段恶劣、后果严重的刑罚标准。属于此类"情节严重"的典型情形就包括公然侮辱他人致其精神失常或自杀身亡等。目前该女子也已向法院提交刑事自诉状，法院也予以立案受理。可以预见的是，如果法院确认侮辱罪成立，便利店老板将受到三年以下有期徒刑、拘役、管制或剥夺政治权利的刑法处罚。

较难处罚的是某高校摸臀门事件中的女生，因为侮辱罪和侮辱行为都要以主观故意为前提，但在该案中，女生究竟是故意为之，还只是在陈述自以为是的事实却不容易判定和证明。但从治安管理处罚法第42条第（六）项来看，在真相不明时随意散布他人隐私，也已经构成了行政违法。

网络也并非法外之地

网暴、致人社死等侮辱行为本质上都是社会暴力在虚拟世界的延伸，但互联网并非法外之地，这一点早在全国人大常委会《关于维护互联网安全的决定》（2000年）中已经声明："利用互联网侮辱他人或者捏造事实诽谤他人；利用互联网侵犯他人合法权益，构成民事侵权的，依法承担民事责任。"

2016年颁布施行的网络安全法第12条第二款亦规定："任何个人和组织使用网络应当遵守宪法法律，遵守公共秩序，尊重社会公德，不得危害网络安全，不得利用网络从事危害国家安全、荣誉和利益，煽动颠覆国家政权，推翻社会主义制度，煽动分裂国家，破坏国家统一，宣扬恐怖主义、极端主义，宣扬民族仇恨、民族歧视，传播暴力、淫秽色情信息，编造、传播虚假信息扰乱经济秩序和社会秩序，以及侵害他人名誉、隐私、知识产权和其他合法权益等活动。"

2020年，国家互联网信息办公室发布的《网络信息内容生态治理规定》更明确规定，网络信息内容服务使用者和生产者、服务平台不得开展网络暴力、人肉搜索、深度伪造、流量造假、操纵账号等违法行为。

在诸多网暴案件中，施害人都主张自己只是在朋友圈中发表言论，因此并不属于"公然"。例如，在上述某高校摸臀门事件中，涉事女生就认为自己在未经查证下公布对方个人信息并发表误解言论，只是在自己的朋友圈和院系的微信群中进行，因此，只是造成了"一定范围内的传播"。其潜台词有二：其一，朋友圈中都是自己的熟人朋友，因此言辞不应受特别约束；其二，朋友圈范围有限，因此也不会对他人造成恶劣影响。

朋友圈的确曾一度被认为是"有限的公共空间"，原因是信息浏览必须要互加好友才能进行，而且发朋友圈时还可以设置为"仅自己可见"或是"部分可见"。但事实却是，朋友圈是无限嵌套的，在受众并无保密义务的前提下，朋友圈中发布的信息迅即就会通过互相转发的方式广泛散播。在某高校摸臀门事件中，该男生涉嫌猥亵的信息就是由涉事女生的朋友圈迅速扩散至另一有数亿用户的公共平台并持续发酵。朋友圈也绝非私密场所，这一点早已在民事、行政和刑事等各类案件中获得确认，此前各地就曾发生过多起因在朋友圈辱骂诽谤国家公职人员而被处罚的行政案件。

在2016年最高人民法院、最高人民检察院、公安部联合发布的《关于办理刑事案件收集提取和审查判断电子数据若干问题的规定》中同样指出，"网页、博客、微博客、朋友圈、贴吧、网盘等网络平台发布的信息"可被认为是具有法律效力的证据材料。既然发布在朋友圈的信息，与微博等其他网络平台上的信息一样具有同等法律效力，也会与其他平台一样受到同等的法律约束。因此，与其他的虚拟空间一样，朋友圈也并非可随意处置的私密空间，和现实世界一样，在此范围内也绝不能随意侮辱诽谤他人。

围观者的责任追究难题

值得关注的是，在上述案件中除了致人社死的发动者和网暴的始作俑者，还包括大量围观者。在网络世界中，这些围观者凭借所谓的正义感和道德观，轻易对他人进行无情鞭挞。而个体一旦被卷入网暴中心，几乎就像身处公审大会一样再无处遁形，只能被淹没于滔天的讨伐声浪中。而那些侮辱诽谤他人的典型网暴案件，施暴者的惯常手段也是首先散布不实信息，再煽动他人推波助澜，最终使事件扩散发酵而坐收利益。

促成围观者瞬间积聚，并随意对他人挥舞道德大棒的除了因为社交平台的聚合性外，还有法律对于这些围观者的制裁无力。因为"法不责众"，治安管理处罚法和刑法对于网暴的惩戒都只能针对那些直接的施害者，而不可能辐射至所有煽风点火者、所有操刀递刀者。网络的虚拟性，使得网暴参与者很容易就能隐瞒和编造自身的身份，由此，加入键盘侠的行列，随意对他人进行道德审判，就变得几无门槛，现实世界中的规范在此也几无约束。

针对不断涌现的网暴和动辄出现的社死，有不少人呼吁强化法律的制裁、扩大法律的打击面。但无法回避的事实却是，即使未来我们再对相关法律予以完善，受害者在面对人数众多的网络施暴者时，也都会在追究法律责任时面临举证困难、转发责任鉴定困难、损失定损困难的问题，传统法律约束在此暴露出其局限性。

唯有善意和信赖才会将人送往金色梦乡

法律的有限性使得要达到网络的清朗谐和，除了法律规制外，在更大程度上倚赖的还是我们每个人的道德自律。日本作家村上春树在其短篇小说集《列克星敦的幽灵》中曾描写过一个遭遇集体孤立的中学生。因为偶尔一次考试成绩超过了班里成绩最好的学生，这个男生便被设计与另一同学的自杀有关而遭遇集体孤立，从而陷入无尽的孤独和痛苦中。即使这个中学生最终凭借自身的意志战胜了这种孤独感，但被众人无端排挤的苦痛却成为其终其一生都难以摆脱的噩梦。

在小说的结尾，村上借着主人公的口说出这样一段话："我真正害怕的，是那些毫无批判地接受和全盘相信别人说法的人们，是那些自己不制造也不理解什么而是一味随着别人听起来顺耳的容易接受的意见之鼓点集体起舞的人们。他们半点都不考虑——哪怕一闪之念——自己所作所为是否有错，根本想不到自己能无谓地、致命地伤害一个人，我真正害怕的是这些人。"

作为网络空间中的一员，我们任何人都无法确保自己未来不会成为网暴的受害者。那个叫嚣着让别人"社死"的某高校女生，在事件真相被披露后同样陷入隐私曝光、全网谩骂的境地。从想让别人社死到自己濒临社死，反转就在一夜之间。

其实，无论是何种形式的网暴、社死，最终带来的除了个人的人格贬损外，还有人群的对立、社会的撕裂，最终还有人与人之间信赖感的完全丧失。因此，认识到自身的有限而不随意对他人挥舞道德大棒，不人云亦云而对他人保持基本的尊重和共情，不随意站队、随意做出非黑即白的判断，克制自己不随意释放内心的幽暗，是每个人都应有的理性和良善。

在2020年阅读过的书目中，最令我感动的是日本作家伊坂幸太郎的《金色梦乡》，小说笔调简单却感人至深。故事是新任首相在回故乡巡察时被暗杀，普通的快递员早已被安排成了政治阴谋的替罪羊。面对强大势力布下的天罗地网，快递员已是百口莫辩，在劫难逃。但作者仍旧给这个蒙冤的普通人安排了一个温暖的结局，他最终还是历尽劫难逃出生天。而帮助他脱逃的就是一群普通人，这里面有年少时分手的女友，有一起送快递的摇滚大叔，有大学打工时的烟花厂厂长，有笃信自己儿子不会杀人的老父亲。这群普通人用善意和信赖为快递员挡住了来自体制的暗黑和碾压。尽管作者最终都未披露这场政治阴谋的主谋，主角最终活下去也只能靠改头换面隐姓埋名，但普通人之间真挚的信赖还是给人以希望和勇气，让我们相信即使再黑暗的地方也会有金色梦乡。

在法律职业者看来，这本书过于乌托邦，但或许正如小说所揭示的，唯有善意和信赖才会将人送往金色梦乡。唯愿网络空间内少点撕裂少点戾气，即使在虚拟空间中人与人之间也能留存更多的善意和体谅。

补记："某地女子被造谣案"入选最高人民检察院公布的2020年度十大法律监督案例，也是我国首起司法机关针对普通公民的网络诽谤提起公诉的案件。2021年4月30日，当地人民法院一审以诽谤罪判处被告人郎某某、何某某有期徒刑一年，缓刑二年。

社会性死亡越来越多，网暴岂能法不责众

每隔一段时间，社交媒体就会出现这样的热门话题：当事人遭受诽谤，工作和生活受到严重影响，导致"社会性死亡"；个人视频、图片被散布，备受舆论压力导致抑郁；私密生活被当作商品在网上肆意贩卖；因信息被泄露频遭滋扰；等等。

较之于重刑案或贪腐案，它们看似"小案（较轻罪行）"，但对当事人来说，却是"天大的事情"，其给个人尊严和隐私带来极大困扰，让当事人遭受"社会性死亡"，甚至选择自杀来证明清白。

这让人想起不久前因网络暴力而自杀的寻亲男孩刘某州。在拐卖妇女的舆论热议下，这个为证清白而自杀的男孩似乎已无人再为之唏嘘，也不再探究刘某州自杀背后的复杂原因。互联网再次展现了其健忘和薄情的本质。

但是，刘某州的死对其亲属造成的伤痛却是持久的。近日，刘某州收养方的亲属，已开始委托律师起诉网暴者。又一场针对网暴的诉讼即将展开。

虚拟世界的群体极化

记得某社交媒体网站曾有句宣传语："我们将致力于为数以万计的用户进行实时更新，提供永无止境的数据流，他们可以随时发送简短的信息，交流此刻正在发生的事情。"互联网的确为信息的迅疾传播和意见的广泛交流提供了前所未有的技术支持，但其衍生的问题也开始越来越多地被认识和了解。对智能手机和社交媒体的倚赖不仅使我们的大脑日渐空洞和浅薄，也让我们作为人与机器、算法之间的界限日渐模糊。伴随越来越多的人生体验都是通过电脑和手机屏幕上闪烁摇曳、虚无缥缈的符号完成，我们似乎也开始渐渐丧失了对复杂情感的体察，丧失了对他人境遇的体谅。

空洞和浅薄最终导致的又是观点的极端和情绪的残暴。美国法学家桑斯坦（Cass Robert Sunstein）在其《网络共和国》（*Republic.com*）一书中，将这种现象描述为"群体极化"，即团体成员中一旦开始有某些偏向，在群体商议讨论后，人们就会朝偏向的方向继续移动，最后则形成非常极端的观点。可怕的是，如果这种极端意见是集中于某个个体，就很容易演变为对他的网络处刑。这也是互联网时代网暴滋生的深层原因。我们的情绪极容易被极端意见挑动，也越来越倾向对他者进行非黑即白的评判，这种情绪和判断又会像利刃一样刺向身处舆论漩涡的个人。

刘某州最后选择自杀，除了亲生父母的薄情外，还有很大部分的原因就是网暴。其最初开始寻亲就是借助网络，也是网络给予其关注和善意。但随着生父母曝光他在认亲后索要无度，网络声音马上开始了大反转。在其死前留下的万字遗言里，一个15岁的孩子这样描述网暴者对其的无情攻击："承受了太多太多'快去死''恶心''娘炮'等各种各样的词……""这一生见识了血缘亲情的伤害、冷漠无情、人性的扭曲……变态，见识到了人心的黑暗……但是把这些全部加在我一个人身上，我实在承受不起来了，因为我才十几岁"。

法律如何惩罚网暴？

网暴本质上就是社会暴力在虚拟世界的延伸。但互联网并非法外之地，即使是在虚拟世界中通过曝光隐私、捏造事实而污人清白、毁人名誉，造成当事人精神损害的，也要与发生在真实世界的侮辱行为一样受到法律制裁。根据情节轻重，法律对网暴者的制裁方式大致有以下三种。

首先是行政处罚即行政责任。根据治安管理处罚法第42条，公然侮辱他人、捏造事实诽谤他人、多次发送侮辱等信息、散布他人隐私、干扰他人正常生活的，处五日以下拘留或者五百元以下罚款；情节严重的，处五日以上十日以下拘留，可以并处五百元以下罚款。

这一规定同样适用于网络世界。在疫情期间，因污名和网暴确诊患者而被行政拘留的案件已有不少。典型的如某地新冠肺炎确诊女孩被网暴的案件，因为在被确诊前曾去过几间酒吧，这个女孩的私生活图像就被网友肆意描摹，并对其人品予以无端攻击。甚至有网友将确诊女孩的姓名、身份证号码、个人社交账号等隐私信息全部曝光在网上。而此人最终也被公安机关处以行政拘留的处罚。

其次是刑罚即刑事责任。根据刑法第246条，那些在网络上以侮辱他人或捏造事实诽谤他人，情节严重的，同样会被处以侮辱诽谤罪。侮辱诽谤罪的刑罚是拘役、管制或者剥夺政治权利，最严重的可被处以三年以下有期徒刑。又根据最高人民法院和最高人民检察院发布的《关于办理利用信息网络实施诽谤等刑事案件适用法律若干问题的解释》，所谓"情节严重"包括："同一诽谤信息实际被点击、浏览次数达到五千次以上，或者被转发次数达到五百次以上的；造成被害人或者其近亲属精神失常、自残、自杀等严重后果的；二年内曾因诽谤受过行政处罚，又诽谤他人的；其他情节严重的情形。"

网暴可能涉及的刑事责任除了侮辱诽谤罪外，还有寻衅滋事罪。还是上文最高人民法院、最高人民检察院的司法解释第五条规定："利用信息网络辱骂、恐吓他人，情节恶劣，破坏社会秩序的，依照刑法第293条第（二）项的规定，以寻衅滋事罪定罪处罚。编造虚假信息，或者明知是编造的虚假信息，在信息网络上散布，或者组织、指使人员在信息网络上散布，起哄闹事，造成公共秩序严重混乱的，依照刑法第293条第1款第（四）项的规定，以寻衅滋事罪定罪处罚。"

因网暴而被判刑的案件迄今也不在少数。典型的例如，2018年一对四川夫妇在游泳时，与一个故意滋事的青少年发生冲突。该少年的父母后将这对夫妇的个人信息与泳池视频互相关联，并配以带有明显负面贬损和侮辱性的标题发送至网上，从而引发大量网民对这对夫妇的谩骂和诋毁，妻子最后因不堪侮辱而服药自杀。四川省绵竹市法院最终认定，少年的父母利用信息网络平台煽动网络暴力公然侮辱他人，致他人自杀身亡，情节严重，已构成侮辱罪。

以此为参照，那些在网络上侮辱诽谤刘某州的网暴者，不仅贬损了其名誉人格，也造成了刘某州自杀的严重后果，理应承担刑事责任。但侮辱诽谤罪一般属于自诉案件，即受害人告诉的才处理，除非严重危害社会秩序和国家利益的才能由检察院提起公诉。这起案件中，刘某州已经死亡无法再提起告诉。但此次网暴针对的是涉世未深的未成年人，并造成了未成年人死亡的恶劣后果，从社会影响的角度，司法机关也理应介入。

除可能涉及的行政责任和刑事责任外，网暴者同样应对受害人的名誉荣誉损失承担民事赔偿。民法典第10024条，"民事主体享有名誉权。任何组织或者个人不得以侮辱、诽谤等方式侵害他人的名誉权。名誉是对民事主体的品德、声望、才能、信用等的社会评价"。第10165条，"行为人因过错侵害他人民事权益造成损害的，应当承担侵权责任"。

从以上分析来看，刘某州亲属完全可在律师帮助下，对网暴者分别主张民事、行政和刑事责任。从行政、刑事覆盖至民事责任的严密法律之网也说明，即使躲在键盘和屏幕之后煽动暴力、侮辱贬损攻击他人，也一样要受到法律的严惩，法律绝不会姑息。刘某州案件中，网暴者的恶劣之处还尤其表现为他们针对的是一个涉世未深、对攻击和鞭挞几无抵御能力的未成年人，从这个角度而言也应受到严惩。

法不责众的难题

但无法回避的事实是，尽管法律已经编织出严密的惩戒之网，可在追究网暴者法律责任时，仍会面临举证困难、转发责任鉴定困难、定损困难等问题。以刘某州的案件为例，他在自杀前以万字泣血长文控诉网暴者，也直接说明网暴者与其自杀之间的因果关联，但后续要追究那些网暴的发动者和始作俑者的法律责任，需要相当复杂的证据收集和筛选工作。

据其律师介绍，自刘某州2022年1月12日收到私信以来至其决定自杀时止，共有1239名与其有私信往来的用户。这些私信中虽不乏对其鼓励者，却仍有2000多条是用恶毒的语言对一个未成年人予以侮辱和攻击。在其律师看来，"这些言论触目惊心，文字或图片非常恶毒，一般正常人都无法忍受，更何况是十几岁的孩子"。

因为海量的网络信息，收集和筛查证据的工作异常复杂。此处面临的阻力还来自微博、微信、抖音这些社交媒体自身的运作规则。如依据隐私政策和用户协议，社交平台不仅自身不能查看用户私信内容，也不能向他人披露用户信息等。新浪微博针对刘某州案件的处理，也只是筛查出40个违规账号予以永久性禁言，以及52个账号予以禁言180天至1年的处理。

网暴案件的处理困难除了在于因网络信息的繁复、碎片以及匿名所导致的取证困难外，还在于大部分的网暴案件可能最终惩罚的也只是那些发动者和始作俑者。对于大量为雪崩助力、为火焰添柴的围观者，虽然他们在道德上对给当事人造成的精神损害难辞其咎，但要追究其法律责任又面临网络虚拟性、用户匿名性等诸多障碍。"法不责众"的事实，也让网暴的惩戒只能针对直接的施害者，而无法辐射至所有的煽风点火者和操刀递刀者。法律在此再次暴露出局限性，这也是网暴难以禁绝的另一原因。因为对他人的道德审判几无外在约束，施暴者也就毫无顾忌地随意释放恶意。

也有很多人因此提出，为杜绝网暴，除要加大制裁力度和扩大打击范围外，还应彻底实现网络实名制，由此使个人在虚拟世界也能与真实世界一样对自身的行为负责。但要求网络实名，又与言论自由的保障之间存在张力。

平台的提前干预和积极介入

大部分论及网暴的文章最终都会落脚于每个人的道德自律。我们都无法确保自己未来不会成为网暴的受害者，克制自己不随意释放内心的幽暗、不随意站队对他人进行道德鞭挞，似乎也成为维护人与人之间的基本信赖，不致走向撕裂和对立的不二法门。但法律教给我们的恰恰是，不能对人性抱有过高的期待，人有高尚的正面，就会有幽暗的反面。网暴者真正吸取教训大概也是在自己被网暴反噬和绞杀之后。

既然人性不可信、自律不可期，对网暴予以规制的方法还是得来自外部。在这些外部规制中，法律只是最后的堡垒。前文提及的行政处罚、民事赔偿乃至刑罚，即使最终都获实现，也无法换回刘某州年轻的生命。

相比法律的滞后，在未来的公共治理中，或许应更强调平台的提前干预和积极介入责任。如平台完全可将一些不良信息或含侮辱性、攻击性的词汇设为敏感词，强化对这些不友善言论的识别处理，对攻击性言论及时过滤删除、限制转发、限制传播；设置专门的青少年保护监测机制，发现针对青少年的攻击性评论数量过多就适当阻断；也要鼓励用户发现不友善言论时，积极向微博管理员和投诉入口举报，再由平台调查后对违规用户采取限制发言、注销账户等举措。政府也应指导平台结合其技术专长制定网络暴力言论的评判基准，要求其建立必要的自我管控机制。平台并不能以中立身份为由拒绝上述义务，毕竟其已经蜕变为与公权力类似的事实权力，也理应承担相应的公共责任。

希望刘某州之死所引发的社会关注不会伴随互联网的健忘而消退，也希望刘某州是最后一个因网暴而惨死的少年。

网暴汹涌，平台不能只做"避风港"

从寻亲男孩刘某州再到粉红头发的郑某华，近年来网暴事件层出不穷，造成的个体悲剧也从未停歇。

刘某州离世一年后，北京互联网法院在2023年2月13日对其被网暴致死案进行网上开庭，其律师在网络上提取了针对刘某州的近2000多条网暴言论，要求侵权者承担赔礼道歉、赔偿损失等侵权责任；郑某华自杀后，也有很多女性为声援她而将自己的头发染成粉色，以对抗对女性无端发起的网络羞辱。

反网暴三难：立案难、取证难、定损难

网暴引发的悲剧同样激起法律人的关注。两会期间有全国人大代表提议出台反网络暴力法，通过具体细致的专门立法来加大对网络侮辱诽谤行为的治理和惩戒。

其实，我国现有的法律并非对网暴未做任何规定，无论是刑法治安管理处罚法还是民法典，都规定了对在虚拟世界中通过曝

光隐私、捏造事实而污人清白、毁人名誉的行为，要使其受到与现实暴力侮辱行为一样的惩罚。

这种惩罚既包含赔礼道歉、赔偿损失的民事责任，同样也包含行政拘留乃至刑罚的行政和刑事责任。

值得注意的是，尽管法律对躲在键盘和屏幕之后煽动暴力攻击和侮辱贬损他人的人，已经编织出严密的惩戒之网，被施暴者在诉诸法律救济时却面临立案难、取证难、定损难等诸多难题。

例如，侮辱罪和诽谤罪在刑法中只是自诉罪，当事人寻求警方介入会非常困难；即使是追究赔礼道歉、赔偿损失的民事责任，被施暴者也要历经相当复杂的证据收集、筛选和固定工作。而在这一漫长的维权过程中，当事人更有可能遭遇二次伤害。因染粉红头发而被网暴的郑同学，正是在维权过程中再度遭遇新的辱骂和质疑而导致抑郁加重并最终离世。除因虚拟性和匿名性导致的取证困难外，"法不责众"的事实也让网暴的惩戒一般只能针对直接的施害者而无法辐射至所有的推波助澜者。

除上述困难外，诉诸嗣后的法律救济还会面临来自微信、微博、抖音这些社交媒体自身的运作规则的阻力。

根据隐私政策和用户协议，社交平台不仅自身不能查看用户私信内容，也不能向他人披露用户信息。

也因为受到隐私政策和用户协议的限制，即使是被施暴者向平台举报，平台也只是筛查出公开发言的违规账号，对其予以永久性或阶段性禁言的处理，而对那些小号或是私密账号亦是无能为力。

刘某州在临死前写下的万字长文中就控诉："这几天一直有

人抖音、微博私信攻击我，骂我……而且我想去解释的时候，发现很多很多百分之九十以上都是小号和私密账号。"

平台的责任与平台的禁区

陈碧老师在《告他！让每个网暴受害者不再成为下一个粉红头发女孩》中写道："由于平台所负担的用户信息保护义务，在追究网暴者责任时就会出现一个魔幻的矛盾：受害人的个人信息被公开示众，而加害人的个人信息却被充分保护。"

平台知道一切，却因为要履行保密义务而无法帮助被施暴者维权。那么平台本身是否对网暴本身不承担任何责任呢？

网络安全法第47条规定："网络运营者应当加强对其用户发布的信息的管理，发现法律、行政法规禁止发布或者传输的信息的，应当立即停止传输该信息，采取消除等处置措施，防止信息扩散，保存有关记录，并向有关主管部门报告。"

侵权责任法第36条同样规定："网络用户利用网络服务实施侵权行为的，被侵权人有权通知网络服务提供者采取删除、屏蔽、断开链接等必要措施。"

由此来看，尽管平台并非直接实施网暴者，但因其对用户负有保护义务，如其经举报和投诉后发现有人以转发、留言等方式辱骂受害人、散播受害人隐私的，亦有义务及时删除、屏蔽不实信息，若其未及时删除屏蔽不实信息，造成受害人名誉损害的，应承担民事侵权赔偿责任。

而其承担的民事责任又由侵权责任法所规定："网络用户、

网络服务提供者利用网络侵害他人民事权益的，应当承担侵权责任。网络用户利用网络服务实施侵权行为的，被侵权人有权通知网络服务提供者采取删除、屏蔽、断开链接等必要措施。网络服务提供者接到通知后未及时采取必要措施的，对损害的扩大部分与该网络用户承担连带责任。网络服务提供者知道网络用户利用其网络服务侵害他人民事权益，未采取必要措施的，与该网络用户承担连带责任。"

平台对用户的保护义务一方面是基于用户协议或是服务使用协议，另一方面则是基于平台对用户的单方监管责任。这种单方监管责任使其尽管不是"违法行为的受益人"，却需要承担"将私人信息提供给行政或者自己采取阻止性措施以防止侵权行为发生的义务"。

从这个意义上说，如果被网暴者及时向公安机关报案，公安机关就可依职权要求平台向其提供侵权者的个人信息。陈碧老师所讲的魔幻矛盾，也可通过公安机关的介入和要求来获得化解。

公众可能疑惑的是，侵权责任法里规定的平台义务仍旧是在网暴发生之后，平台在接到举报后才有义务删除和屏蔽不实信息，为何平台对用户留言不进行事先的内容审查？

这里需要提及的就是网络服务商在"避风港"条款下享受的侵权责任豁免制度。该条款由美国《千禧年数字版权法》所创立，其有条件地限制了信息传输、系统缓存、信息托管、信息定位服务提供商的侵权赔偿责任，也豁免了网络服务商对用户留言的内容审查义务。

这一条款同样为我国侵权责任法、《信息网络传播权保护条例》等法条所吸收。根据"避风港"原则，如果平台已经履行了通知、删除等义务就可以获得民事责任豁免，平台其实并无事先审查用户留言的义务。

豁免的原因又在于信息自由和言论自由的保障以及平台创新成本的降低——若平台在用户发出留言时，就负有广泛的内容审查义务，无疑会伤及用户的言论自由。而平台事先的内容审查义务和保障个人言论自由之间的矛盾，也很早就出现于我国相关领域的讨论。

在出版需事先审查，博客会事后追责的背景下，微博、微信等自媒体几乎成为个人践行言论自由的最重要场域。也正是通过自媒体，公众获得了前所未有的话语权，甚至通过围观就可以掀起对公共事件的讨论，从而推进公共事务的革新。

也因此，如平台要事先对用户留言进行普遍性的主动监控且大范围地删除或屏蔽拦截，势必引发寒蝉效应而限缩言论自由。而且要求平台承担普遍性的事先监控义务也与平台的技术能力不符：第一，对海量信息进行人工筛查成本极其高昂；第二，因平台工作人员并非专业执法人员，对于何为违法也必然会出现大量误判。因此，在无行政追责的外部压力且有避风港条款的庇护之下，平台当然无动力对用户不当留言进行预先审查。

除了反网暴指南，平台还能做些什么

近年，为维护网络秩序、塑造清朗的网络环境，我国的互联网立法渐渐倾向于赋予平台越来越多的内容审查义务。平台作为信息传播渠道的"守门人",其应对平台内容进行审查并予以规制的责任,最早规定于2011年《北京市微博客发展管理若干规定》。

该规定提出微博客服务提供者应当建立"信息安全管理制度",对传播有害内容的用户予以制止、限制,并及时向有关部门报告;建立"内容审核制度",对微博信息内容的制作、复制、发布、传播进行监管。

2017年国家互联网信息办公室通过的《互联网新闻信息服务管理规定》《互联网跟帖评估服务管理规定》《互联网论坛社区服务管理规定》等规范性文件,从内部管理制度建设和技术保障措施两方面对社交平台作为"守门人"的主体责任进行了如下规定。

一方面,社交平台被要求在用户注册、信息发布审核、跟帖评论管理、公共信息巡查、应急处置、配备与服务规模相适应的管理和编辑人员等方面建立信息安全管理制度,加强对用户信息发布的人工干预能力。

另一方面,社交媒体平台必须对用户信息安全具备安全可控的技术保障和防范措施,技术措施将大大提高社交平台对违规信息事前发现和处置的能力和效率,如由过滤器对用户跟帖评论进行"先审后发",对用户信息的自动保存和记录为有关部门的网络执法提供技术和资料支持。

值得关注的是,这种提前介入和事先预防的内容审查,在面对公共性言论时的确会存在挑战言论自由的问题,但对于防御网暴尤其是针对青少年的网暴,相比法律嗣后的责任追究又的确是更有效的良方。

由此,如果平台对用户信息内容的审查义务可以集中于针对个人网暴的防御，这种普遍义务的规定或许能够发挥其真正效用，并从源头上避免一些个体悲剧的发生。

因大量网暴案件的发生，我们也能看到各平台已经开始制定和发布反网暴指南和细则。例如，豆瓣网站提示用户，"当你遭到攻击、骚扰或感到隐私被侵犯时，可以通过我们提供的应急防护进行自我保护，在应急防护模式开启后，他人即无法再关注开启防护的用户，未被该用户关注的陌生人也无法再查看主页内容，或与其进行私信"。

快手和抖音的反网暴指南中，都特别提示了所谓私信权限限制，即用户可设置私信权限为"仅互关朋友"，或者也可以在"高级设置"中选择智能屏蔽，来避免完全关闭权限带来的不便。

大部分平台也已将"傻瓜""孬种"等不良信息或侮辱性、攻击性的词汇设为敏感词，强化对这些不友善言论的识别处理，对攻击性言论及时过滤删除、限制转发、限制传播。为配合平台的事先审查，也已有相关技术公司通过敏感词库和深度学习算法，构建了一套内容审核系统，以识别包括辱骂攻击、泄露个人隐私在内的各类网络暴力内容和网暴行为。

更值得称道的还有一键举报系统，鼓励用户对网络暴力的相关违规内容进行举报，并提供相关详细信息，平台也会在第一时间内对举报内容及相关账号进行判定和处置。

在微博平台就设有"涉网络暴力有害信息举报专区"，用户举报涉网络暴力相关言论可标记"侵权类"举报，并填写"举报网站名称""详细举报网址"以及"具体举报内容"。在小红书平台，如用户发现评论中存在违规情况，可通过长按该评论，在"弹出菜单"中选择举报，私信中同样有相应类似的举报设置。

针对潜在的施暴者，很多平台同样开发出发文警示功能，"若用户私信中发布疑似网暴内容，平台将弹出提示，要求用户自查自纠，文明沟通"。

综上来看，目前各个平台的反网暴指南已经相对细致。2023年3月6日微信公众号"网信中国"发布的《多家网站平台发布防网暴指南手册和网暴治理情况》中也再次要求抖音、微博、快手等重点平台加大防范处置力度，强化识别预警和实时保护。

未来可能需要改进的包括设置专门的青少年保护监测机制，发现针对青少年的攻击性评论数量过多就适当阻断；结合技术专长制定网络暴力言论的评判基准，并在政府指导下建立必要的自我管控机制。

网暴的治理本身是个系统工程，它既需要强化我们每个人的道德自律，克制自己在虚拟世界中同样不随意释放内心的幽暗，不随意站队对他人进行道德鞭挞，同样要求法律共同体对网暴案件给予更多关注和支持，使受害者获得公平对待和应有救济，还需要平台承担起相应的公共责任，与政府一起筑起防堵网暴的坚实防护。

既然法律规范已赋予平台对网络信息的内容审查义务，这种审查就不能仅集中于可能引发舆情的公共言论，对直接针对个体权利尤其是针对青少年的不良言论，平台应承担更高的注意义务和防护义务，以避免网暴案件的再次发生。

郑某华去世后，有不少网友在其社交平台评论区设置纪念账号，纪念逝者也警示众人。网暴事件的发生很多时候都是集体作恶的结果，因为在虚拟世界中丧失了现实世界中的道德和规范约束，施暴者很容易就将戾气、怨恨无端发泄于他人身上，完全无视这种暴戾会给他人带来何种结果。但施暴者又常常被网暴反噬，最终沦为流量的牺牲品。

我们任何人都无法确保自己未来不会成为网暴的受害者，因此对他人保持基本的尊重和共情，克制自己不随意释放内心的幽暗，是每个人都应有的良善。

我们与恶的距离：谁是下一个？

5月23日，某地某小学一年级学生谭某在校内被老师驾车撞倒碾压死亡，视频中悲痛欲绝的母亲不断质问肇事老师："他从我孩子的头上压过去了！"此事一出，公众一方面对孩子的惨死无比心痛，另一方面也再次呼吁对校园安全的关注。

事发后，肇事教师被警方带走调查，当地区教育局也发布通报称，对孩子的不幸离世深感悲痛，深感自责。区教育局会同公安等部门成立工作专班，开展事故调查工作。而涉事学校校长和分管副校长也已予以免职。纪检监察部门也启动了对相关责任人员立案调查。

但令人没想到的是，就在孩子去世后的第七天，孩子母亲也坠楼身亡。一个仅六岁的孩子在本应最安全的校园被汽车碾轧身亡，悲痛的妈妈追随孩子而去，一个本该美满的家庭轰然崩塌，这种至哀的人间悲剧怎么看都让人心碎不已。

孩子母亲自杀身亡后，舆论将其死因归咎于生前历经的网络暴力。这个妈妈在孩子去世后维权和哀悼时所遭遇的各种恶评，尤其是对其穿着和身材的肆意评价让人不寒而栗："妈妈的穿着打扮是用了心的""这妈妈是化妆了吗？""这位妈妈想成为网红吗？""还能穿这么正式？""化着精致妆容，像是特意打扮一番才赶来"。另有完全说不清心理动力的网友居然研究起了妈妈维权时的穿着，指出其佩戴了首饰，甚至所穿衣服鞋子都是奢侈品。还有人公然指责孩子父母是为了博人眼球、过度表演，其目的就是为了向学校索要更多的赔偿。这些不堪入目的评论罔顾一个刚刚失去独子的母亲的巨大伤痛，不仅未对他人遭遇表现出基本同情，甚至将弥漫的暴戾之气全都释放在一个不幸者身上。

对此，我们已经不再陌生。从寻亲不成而因网暴自杀的刘某州，再到只是将头发染成粉色就被攻击为"不正经"的郑某华，再到这位因同时遭遇丧子之痛和网暴之苦而自杀的年轻妈妈，在一连串的网暴案中，我们反复经历着人性深不可测的幽暗和败坏，眼见这种幽暗和败坏已经到了不加掩饰的地步。

作为法律工作者，我和同事们此前都从不同角度写过网暴案，内容涉及对网暴者法律责任的追究，平台对网暴言论的监管职责以及如何从法律角度对网暴案件进行维权。无奈的是，面对复杂幽暗的人性，法律的作为永远都是有限的，它甚至根本无法像我们这些法律工作者设想的一样，给被网暴者及时的保护，甚或只是情感的宽慰。

也有人说，这位妈妈的死可能更多是无法承受丧子之痛以及在维权中所遭遇的困难无助，所谓网暴可能只是舆论渲染，在此并没起多大作用，更无法证明与这位母亲的死亡之间存在直接因果关联。而难以证明因果关系也恰恰又是对网络施暴者无法定责的另一原因。确实。

也因此，朋友圈里有人写了这样一段话："关于网暴，要牢记几点：他们是被纵容、鼓励，有时是拿了钱的；自己被网暴的时候，不要怕，要战斗，没什么的；朋友被网暴的时候，一定给予支持；不要指望法律，连罗翔老师都怕网暴"。

不只是罗翔老师，我们每个人都担心被网暴，道理很简单，因为网暴者隐匿在键盘和屏幕之后，他们肆意发动对他人的人身攻击和网络处刑，对他人进行毫无根据的道德评价，却又因为网络虚拟性和用户匿名性等原因而难以被识别，难以被追责。这种在言论自由和责任承担上配置的严重不平衡，也使得这些施暴者一再作恶而毫无顾忌。而被施暴者要想向施暴者追责，却要历经暴力言语的二次伤害，要冲破平台避风港条款的制约，要应对在立案、取证和定损方面的巨大困难。事情的结局往往是：施暴者能够轻易逃脱法律制裁，但被施暴者却要独自吞下所有无端的道德责难，有的甚至会像刘某州和粉红女孩一样被铺天盖地的网络海啸彻底卷走生命。

作为普通人，我们会担心自己成为网暴的下一个受害者；作为法律工作者，我们深知对网暴者追责，无论是行政、民事还是刑事都无比艰难，但在面对如此恶劣的网暴案件时，我们依旧要呼号和发声。哪怕穷尽了角度，哪怕一直没有回响。

法律从来不对人性给予过高评价，有的人就是天生缺乏基本的共情且充满暴戾之气，他们无法理解他人的伤痛，对他人肆意歪曲和辱骂，而对自己的偏见和恶一无所知。这个在物理世界就存在，只是在网络世界中被再次极化和无限放大。而法律对网络的治理也总是滞后的，因为要平衡言论自由的法益，我们无法要求平台承担普遍的用户言论审查义务，平台也的确无法承担如此重负；同时法律对网暴者的制裁也总是有限的，我们只能通过事后的惩戒和损失填补来抚慰被施暴者，却无法提前予以干预和防备。

但滞后和有限都并非无所作为、听之任之的理由。既然我国法律已通过刑法、治安管理处罚法和民法典对网暴者编织了严密的惩戒之网，那么对逝者最好的慰藉就是即便困难也要拿起这些法律武器来追究这些施暴者的责任，使其明白即使在虚拟世界，污人清白、损人名誉一样要接受法律制裁。向每次不公和暴戾勇敢说不，不仅是我们每个人的权利，也是我们应负的社会责任，就像我的同事陈碧老师所说，"当更多的人用法律捍卫权利，法就不会向不法让步"。

在刘某州案后，他的养家外祖父母不顾老迈之躯，毅然委托律师开始追究网暴者的行政、民事和刑事责任；在郑某华事件后，各大平台就已经开始纷纷出台反网暴指南和细则，这些反网暴指南不仅为被施暴者提供诸如一键举报之类的应急防护，同样针对潜在的施暴者进行事先的警示。

反网暴是项系统工程，它既需要强化我们每个人的道德自律，意识到保持共情和体谅是人之为人的底线，而网暴他人也可能反噬自身；也需要法律共同体在每一起网暴案件中都能够为施暴者提供更多的支持和关注，一起为防堵网暴筑起坚实防护。具体到此案，如果可以证实，如舆论所言导致这位年轻母亲纵身跃下的原因除了丧子之痛还有网暴之苦，就应该对施暴者予以严惩，而不能纵容这些施暴者换个号又"投胎转世"、轻易脱身。如罗翔老师所说，如果对罪恶容忍，任由被施暴者孤独战斗，那么我们就是平庸的帮凶。

作为女性，本案尤其令我气愤的还有专门针对女性的语言暴力。很多人加入网暴者之列仅因为这位妈妈在学校祭拜孩子时装扮整齐，穿着体面，并不如一般想象的那样，丧子后形容枯槁蓬头垢面。于是，对"不完美受害者"的苛责就再次降临至这位年轻的妈妈身上，体面和整齐也成为年轻妈妈居心叵测、过度表演的证明。也因为面容姣好，这位妈妈甚至成为网络性骚扰的对象，甚至还有人不知羞耻地公然讨论其身材和穿着，这些言论已完全逾越一般人的道德底线，更隐藏着对女性的极大贬低和羞辱——似乎美丽就等同于淫荡，而淫荡的女人一切都是活该。

还是回到此案，即使网暴不是这位妈妈自杀的主要原因，但在网络空间公然对他人进行侮辱诽谤就已经构成违法，所以无论是帮凶还是主谋，这些随意施暴者都不能轻易脱责，对暴力的纵容就是对受害人伤痛的漠视。无论如何这都不是轻轻挥一挥衣袖，就可以走掉的事情。

村上春树曾说，"暴风雨结束时，你不会记得自己是怎么活下来的，你甚至不确定暴风雨是否已经结束。但有件事是确定的，当你穿越风暴你早已不再是原来那个人"。网络世界的暴风雨从何而来，下一个被带走的会是谁，它有结束的时候吗？我们与恶的距离那么近这么远，雪崩的时候，有哪片雪花是无辜的呢？愿逝者安息，也愿我们这些暂时躲过风暴的普通人有更多觉醒和行动。

举报条款被利用，无法抑制的公报私仇

继"天一案"后，最近又一著名色情文学作者因通过网络出售自己的小说而被拘捕。与天一是因"制作、贩卖淫秽物品牟利罪"被羁押不同，这位作者涉嫌违反的是刑法的"非法经营罪"。因为涉及艺术创作、涉及出版自由，通过援引"非法经营"条款而对这些网络文学进行追责是否适宜，也一度成为热议话题。对于"非法经营罪"到底如何认识，又该如何判定，因为并不属于笔者的专业领域，此处不多置喙。

与"天一案"不同的是，这位作者被拘捕的起因是同行的举报。被拘捕的"深海"与举报人"烨风迟"曾因彼此作品是否涉嫌抄袭而在网络论战，但这场本来发生在二次元世界的"互撕"却最终以"烨风迟"向公安局举报"深海"写作出版色情作品获利而收场。

借由举报、借由公权力的介入，"烨风迟"彻底扳倒了"深海"。"烨风迟"举报"深海"的"精准谋划"似乎是明显受到"天一案"的启发，而的确有消息证实，在"天一案"后有关部门的确出台了鼓励举报此类作品，甚至对举报行为予以奖励的规定。撇开举报人"烨风迟"是否违背道德不谈，如果真的如传闻所言，有关部门的确通过奖励举报色情作品的方式来对文化市场予以整治，那么触动我们思考的问题就是：法律该鼓励举报吗？

法律为何鼓励举报？

自诸子百家起，是"亲亲相隐"还是"大义灭亲"就成为我国传统哲学中的恒久辩题，其背后所蕴含的正义与伦理的冲突张力在现今的法律中仍有体现。但法律是否应该鼓励举报，这个问题在不同场域下显然应有不同答案。

在有些场域，举报不仅应该鼓励，甚至被作为法定义务，典型的如在未成年人保护领域的"强制报告义务"，即医疗单位、学校等机构及其工作人员在工作中发现未成年人遭受或疑似遭受强奸、猥亵、虐待、遗弃、拐卖、暴力伤害等伤害时，有义务向有关部门报案。这里的强制报告义务显然是法律为特别保护未成年人免受他人尤其是亲属的身体和精神伤害而进行的制度安排。值得注意的是，尽管法律是否该鼓励举报在不同场域应有不同回答，可鼓励举报似乎成为目前各领域为高效管理而惯于采取的方式。于是，因举报而引发的问题也在不同场域下以不同方式予以呈现。

以笔者熟悉的公法领域为例，近年来因举报投诉所引发的滥诉目前已成为困扰行政诉讼和审判的一项难题。这项难题产生的根源在于，行政法律规范中大量存在的举报投诉条款。而在行政管理领域通过鼓励举报来表达诉愿、监督公权又是我国自古以来就有的传统，因此，最初公法领域的举报对象主要集中于国家机关及其工作人员，其法律依据在于宪法第41条："中华人民共和国公民对于任何国家机关和国家工作人员，有提出批评和建议的权利；对于任何国家机关和国家工作人员的违法失职行为，有向有关国家机关提出申诉、控告或检举的权利，但不得捏造或者歪曲事实进行诬告陷害。"

鉴于举报在监督国家机关及其工作人员所发挥的积极作用，举报范围在此后开始大幅铺开，并迅速拓展至大部分的行政管理领域。在一般性行政法律规范中，如海关法、产品质量法、安全生产法、治安管理处罚法、道路交通安全法、行政许可法等，我们几乎都能找到举报投诉条款。在这些法律规范中，举报对象的范围也早已不限于国家机关及其工作人员，而是延伸至所有的违法单位和个人。任何人发现他人违法，都可向行政机关举报，行政机关也有义务对这些举报予以答复和处理，举报俨然成为行政机关重要的管理尤其是市场监管手段。

鼓励举报带来的问题

对举报投诉的倚重的确为执法任务繁重、财力人力有限的行政机关提供了更多的违法线索，也在很大程度上弥补了行政执法能力的不足。但在举报投诉数量不断攀升之时，另一问题接踵而来：鉴于举报数量的激增，行政机关不可避免地无法予以及时答复，其答复处理亦在很多时候无法满足举报人的诉求。此时，举报人针对行政机关的拖延答复或是处理不利又会转而去寻求司法救济，即以受理投诉举报的行政机关为对象向法院提起行政诉讼，并借由法院来敦促行政机关履职。

这种做法的直接后果就是行政诉讼中举报投诉案件数量的激增。而法院在处理数量众多的举报投诉案时同样面临如何平衡保障诉权和防堵滥诉的选择两难：如果限制举报投诉人的原告资格似乎就是在伤害举报投诉权，而且也与行政诉讼不断放宽原告的趋势不符；但如果对其不予限制又势必造成相关案件的泛滥。据此，举报投诉案件的激增、行政机关的处理不利最终都转化为诉讼难题而被抛向法院，并以"举报投诉人是否具有行政诉讼原告资格"的方式在法律理论和法律实务中予以呈现。

针对上述问题，法院最初的做法是通过指导性案例确认：举报投诉人唯有为保护自身合法权益的目的投诉举报，始具有行政诉讼的原告资格，反之，如果举报投诉人并无自身权益受损，而只是为公益维护的目的进行举报投诉，就不具有原告资格。

这种区分处理的方式，一方面是因为我国的行政诉讼主体仍旧是保护个人利益，它原则上并不允许个人代表公益提起公益诉讼；而另一方面也是借由"私益举报人"和"公益举报人"的区分，防堵那些因为举报投诉制度的推广普及产生的大批"职业举报人"。这一点显然是法院在参酌举报实践后更重要的考虑。因举报的大幅铺开所产生的职业举报人，前身就是民事领域尤其是消费者保护领域中的职业打假人，他们在与商家的长期周旋中发现，与其将精力耗在跟商家的死磕上，还不如掉转矛头，借由向有监管职权的行政机关举报而将矛盾转移给行政机关，并通过行政机关向商家施压来达到自己的诉求；如果监管机关的处理不符其要求，再将监管机关诉至法院。

行政审判的这种区分处理后来又被吸收至2018年《最高人民法院关于适用〈中华人民共和国行政诉讼法〉的解释》第12条第（五）项，"为维护自身合法权益向行政机关投诉，具有处理投诉职责的行政机关做出或者未做出处理的"，属于"与行政行为有利害关系"，具备原告资格。上述规定从表面来看似乎能够防堵职业举报人进入诉讼，立法者也寄望于通过这种做法遏制举报投诉领域的滥诉。但现实却是，行政诉讼中的举报投诉案件数量并未因此下降，仍然占用着相当大部分的司法资源。

究其原因又在于：其一，所谓"为维护自身合法权益"的标准在实践中极易达到，即使当事人本质上属于"职业举报人"，只要他通过简单的、数额较低的购买就能与"违法第三人"发生商品消费关系，就能够主张其举报投诉是为维护自身合法权益；其二，也是更重要的，因为法律对举报投诉的鼓励和推广，使人们在与他人陷入民事纠纷时，很容易就想到借由公权的介入而向对方施压，进而更高效便宜地满足其私人诉求，"公器私用"也因此不可避免且不断蔓延。行政权设定和行使的初衷都在于公益维护，而非是为特定人的个人目的的达成，公器私用显然与行政权力发动的初衷不符。除此之外，借助公权而达到个人目的的做法更危险的后果是，它带来了民事关系和行政关系、民事诉讼和行政诉讼之间界限的消弭。借由向行政机关举报，几乎所有的民事纠纷最后都有可能演变成行政纠纷，原本是双方民事主体之间的民事关系最后都有可能演变为包含行政机关在内的三边关系，民事关系和民事诉讼也最终可能被行政关系和行政诉讼所彻底吞噬。

为行政诉讼中"举报投诉人"资格的澄清，学界和实务界付出了可观的努力，其目的都是希望为此问题寻获一种稳定清晰、具有说服力的判定规则。但如果我们将目光向行政过程的前端追溯就会发现：造成今天这种司法困局的很大原因在于行政管理领域大量举报投诉条款的存在，在于我们的行政管理法律规范是相当鼓励举报的。我们在设置举报条款时，基本思路无非是让坏人陷入人民群众的汪洋大海中再无处遁形，但却未意识到，举报条款更像一把双刃剑，它有可能节约行政成本、促进公众参与，但另一方面它也会为借举报谋取私利、打压他人提供空间。

因此，对举报一边倒地大肆鼓励而不加任何防御，当然会产生无法抑制的公报私仇和公器私用。事实上，现代行政演进到现在，我们本应该倚重更科学客观、适宜开放的管理方式，但我们的管理思路却似乎仍停留在鼓动群众揭发坏人的传统单一模式之下。这种举报模式在某种程度上的确为行政提供了重要支持，但其引发的举报滥用和公私不分，同样严重伤害了行政能力，浪费了公共资源，并最终危及整个社会的互信机制。

释放无限光明和制造无边黑暗的都是人心

再回到"深海"和"烨风迟"所涉的刑事案件，有一个细节让人不寒而栗，"烨风迟"曾威胁"深海"在高校任职的父亲："大学尤其是985，战战兢兢的不是学生而是老师，论文篇数不够，要倒霉；学生投诉，要倒霉；尤其现在反腐查得严，多买一支笔都要倒霉的。"不得不说，"烨风迟"是深谙举报规则的，而其对高校教师噤若寒蝉的描述又何尝不是活在举报阴影下的每个个体的图像呢？

从形式法治的角度，我们似乎无法指摘举报刑事犯罪的"烨风迟"，她从"天一案"中获得刑法知识的有益启发，并通过向司法机关举报而使在形式上看来的确违法的"深海"最终被羁押。但从其与"深海"的网络骂战和之后的纠葛中，又有谁能真正确信其举报行为就是为维护"违法经营罪"所保护的市场秩序呢？又有谁能真正认同其行为的正当性呢？

"深海"因写作耽美作品而涉罪，这或许是一起刑法规范滞后于现实发展规律下令人唏嘘的个体悲剧。本案引发的震荡再次提醒我们，法律或许不应是多数人为价值观念的整齐划一而对少数群体施以影响和作用的手段。对于小众群体的艺术判断和情感体验，法律理应持有更多的宽容和体谅。现代法律除须宽容少数人的价值取向外，也许还应对大多数人都尊重的良善美德同样予以认同，其中当然包括人与人之间的互信和体谅，包括不随意举报揭发，不利用公权打压他人作为人的基本底线。从这个意义上说，"深海"因同为色情文学的写手举报而被拘捕，也同样以相当极端的方式向我们展示了，当法律并不宽容少数人，当公权并不珍视人与人之间的互信和尊重时，它又会在多大程度上激发甚至释放出人性的卑劣和幽暗。

在我们的想象中，同为少数群体中的一员，"深海"和"烨风迟"彼此间理应拥有更多的理解和认同。这样的群体成员在面对多数价值和多数意见时，更易抱团取暖而非相互倾轧。但"烨风迟"打破二次元行为界限的做法却再次证明，当法律纵容甚至鼓励人与人之间的相互监督和彼此举报时，所有的底线最终可能都会被彻底突破，所有因价值选择和情感认同而积聚起的群体也轻易就会崩塌瓦解。

"释放无限光明的是人心，制造无边黑暗的也是人心，这就是我们为之眷恋而又万般无奈的人世间。"法律没有办法改变人性，但在面对复杂人性时，却应该对其有所体察，并应该致力于使其规范能有助于人性的提升和良善的促进。相反，如果法律本身会激发甚至利用人性的卑劣和幽暗，那么其正当基础也就令人怀疑。从这个意义上说，对于各个领域盛行的举报规范以及其背后体现的鼓励趋向是否合理的确值得我们深思。

人人非孤岛，不要打听丧钟为谁而鸣

2022年春节，法治专栏写作组的小伙伴集体刷着热播网剧《开端》。主编突发奇想，不如就来一个春节特辑《开端里的法治细节》，从不同角度解读剧中的罪案，也算是回馈专栏的读者。

《开端》里的法治细节

我一向的习惯都是，推理小说一定要先看结尾再读细节，刷悬疑剧也是先快进到最后，再从头细细咂摸。这种阅读和刷剧方式被法治组的另外两位女士鄙夷，主编甚至命令我在她看完结尾之前绝不能剧透。

《开端》的结局仍旧是"好人都全身而退，坏人都受到惩罚，公车没有被炸毁，所有的问题都获得了解决，所有的情感都获得了安慰"的中国式"happy ending"，虽然不一定符合冷酷的现实，但对春节而言也确实应景。客观地讲，这部剧的确是良心制作，没有大卡司，没有注水剧情，但细节和表演都让人惊喜。既然接了写稿的任务，就还是要鸡蛋里挑骨头，说说其中的法律问题。《开端》的剧情主要围绕一场公车爆炸案展开，整体设计妙在是用无限流的方式来讲一个看似普通的故事，也是在无限流过程中展现真实的人生百态。

公车上猥亵他人的法律责任

因为是公车爆炸案，涉及的也主要是刑法和刑诉问题，核心要点罗翔老师和陈碧老师都做了分析。剧情大结局时揭晓，制造爆炸案的王兴德和陶映红其女王萌萌之所以中途拍门下车，是因为在公交车上遭遇了色狼猥亵。为了如剧中女主李诗情劝服王兴德不要引爆炸弹时所说："你要活下去，活着看着坏人受到惩罚。"编剧最终让公安机关把五年前在45路公交车上猥亵少女的色狼抓捕归案。剧情终结时，因爆炸罪而被收监的王兴德和中年猥琐男同穿"久山看守所"的囚服在看守所交错而过，王向色狼投去寒光凛冽的一瞥，观众也在弹幕里写"期待监狱风云"。既然色狼也是被投进看守所，就说明公安机关最终认定其构成刑事犯罪而将其刑事拘留，若只是行政违法而被行政拘留，执行地点就是拘留所（这算是行政法的一个生僻知识点，我身边很多老师同样表示不知，所以还是让我着实得意了一下）。

如此处理虽然符合观众对恶人的惩罚期待，却并不符合法律规定。根据我国治安管理处罚法第44条，"猥亵他人的，或者在公共场所故意裸露身体，情节恶劣的，处五日以上十日以下拘留；猥亵智力残疾人、精神病人、不满十四周岁的人或者有其他严重情节的，处十日以上十五日以下拘留"。

在法律上，猥亵是性交以外的其他带有淫秽意味的色欲行为，即行为人为追求性刺激，而对他人身体尤其是性敏感区进行抠摸、搂抱、吸吮等。广义的猥亵还包括公开暴露生殖器官或当众手淫等。但一般情况下，猥亵只是构成行政违法，法律惩戒也只是行政拘留。唯有符合刑法第237条所规定的构成要件时才会构成猥亵罪。以猥亵罪论处的行为包括以暴力、胁迫或其他方式强制猥亵他人或侮辱妇女的；聚众或者在公共场所当众猥亵他人或侮辱妇女的，或者有其他恶劣情节的。"其他恶劣情节"又包含造成他人死亡。

从知情者拍摄的视频来看，本案的中年猥琐男在公车上首先是触摸王萌萌的手，之后又用下体蹭其臀部并用手抚摸其臀部。猥琐男是构成行政违法还是犯罪，主要依赖于对刑法两处规定的解释：其一，在公车上猥亵他人是否属于"在公共场所当众猥亵"；其二，中年猥琐男的猥亵行为是否直接导致了王萌萌的死亡。

从文义解释而言，所谓"在公共场所当众猥亵"是指行为人明目张胆、毫无顾忌地在公共场所实施违法行为，这里既有围观者广泛知晓的客观事实，也有行为人肆无忌惮公然侮辱他人的主观恶意。在公车上猥亵他人，虽然身处公共场所，却基本都是偷偷摸摸隐秘进行，行为人从主观上不愿自身行为为他人知晓，客观上也不会造成猥亵行为被公之于众的事实。

法律上的因果关系强调的是条件和结果之间的必然关联，所谓无此条件就不会有此结果，但也唯有出现此条件时一般都会产生此种结果，法律才会确认条件和结果之间具有因果关系。从这个意义上说，猥琐行为虽然导致了王萌萌的过度惊吓而拍门下车，但其死亡的真正原因还是下车后被大货车撞击。猥亵作为条件和当事人死亡结果之间无法经受第二个要件的检验，也因此不存在法律上的因果关系。既然不符合刑法中猥亵罪的构成要件，中年猥琐男的行为就只是行政违法，应接受的惩罚也只是行政拘留。

如果是行政拘留，剧情就会存在另一个漏洞。治安管理处罚法第22条规定："违反治安管理行为在六个月内没有被公安机关发现的，不再处罚。"这就说明治安类案件的处罚时效原则上只有六个月，除非违法行为有连续或继续状态。本案中，公安机关是时隔五年之后因为知情者曝光的视频而将中年猥琐男抓捕归案，显然早已过了行政处罚的时效。

尽管并不构成犯罪，但在公车上猥亵妇女却确实令人厌恶。询问身边很多女性，发现在中学和大学期间在公车地铁上遭遇咸猪手的不在少数，基本都不敢大声呼救或勇敢反击，大部分人的反应都是吓得动弹不得、一声不吭，或是被摸被蹭后许久才恍然大悟的。女性朋友们一致认为，预防或杜绝公车色狼的最佳方法，就是在公车上多贴告示或是在广播报站名前后予以警示，这种简易做法一方面提示女性加强戒备，另一方面也可以有效降低色狼的作案冲动。如果这部热播网剧能警示公众公车猥亵的猖獗，并敦促相关部门积极采取应对措施，由此避免因猥亵而衍生出更多的惨剧，无疑也是功德一桩。

恶意会滋生出更大的恶

《开端》终局揭示，锅姨陶映红和司机王兴德之所以蛰伏五年研制炸弹来报复社会的真实原因，除了不满警方对女儿的死亡调查结果外，还有女儿死后遭遇的铺天盖地的网暴。锅姨本来是个兢兢业业的中学化学老师，在女儿死后非但没有获得应有的同情和安慰，反而在网络上看到无数人对女儿中途下车是无理取闹、被撞死活该的咒骂和嘲讽。这也成了这位母亲最终被逼得彻底偏执的最重要原因。

网暴在今天已然泛滥成灾。这大概也是这部热播剧将犯罪人无差别杀人的最终原因归咎为网暴，并希望借此来警醒观众的背后原因。但网暴难以遏制除了因为发动者身份隐匿不易查找外，还在于造成网暴结果的，除了那些居心叵测的始作俑者，还有大量为雪崩助力、为火焰添柴的围观者。在网络世界中，这些围观者的情绪轻易就被挑动，他们轻易就能凭借所谓的正义感和道德观，对他人进行无情鞭挞。

《开端》中有次循环是男主肖鹤云为保护女主而将持刀行凶的锅姨反杀。在逃亡途中，肖鹤云看到有无数网友已经在网络对自己展开人肉搜索，甚至有网友发现其此前参与制作过一款游戏软件包含暴力内容，所以言之凿凿地认为，游戏开发者一定是个心思邪恶的暴力男，一定就是爆炸案的真凶。编剧借女主李诗情的口说出："这些人都活在自己的认知范围和道德判断下去评判别人，他们只相信自己看到的，很少有人会真的站在对方的角度去思考问题。"

能对他人保持尊重和共情，不随意站队，不轻易对他人进行道德审判，在网络世界又是何其稀缺。因为匿名所导致的制裁乏力以及加入讨伐大军的几无门槛，网络世界几乎无限释放了人性之恶，以至于有人悲观指出，只要互联网存在，网暴就不会消失。之前就有刘某州因寻亲遭遇网暴而自杀的悲剧，再看《开端》里的锅姨，我们这些专业法律人似乎都无法给出遏制网暴的良方，此处同样再次凸显法律的有限性。王兴德和陶映红因遭遇网暴而选择报复社会，也恰恰说明，恶意会滋生和释放出更大的恶，恶的循环也最终会导致我们为恶所彻底吞噬。

作为一个普通人，看过这么多网暴后所获得的警示还在于，不要全然投入网络，更不要轻易诉诸网络去获取认同、支持和情感慰藉，真实的人性温暖可能还是来自并不完美的物理世界。就像《开端》中最令我感动的情节，是李诗情在公车上向锅姨讨要卫生巾被拒，结果一旁坐着的中年打工人老焦听到后，那么容易就打开男女主此前怀疑装了炸弹的红色行李箱，从里面取了片散装卫生巾递给诗情。这份来自真实世界的真实温暖，也最终使女主坚定了无论如何都要拯救一车人的决心。我相信真实世界里像老焦这样的老父亲一定不少，他们疼惜自己的闺女，所以也疼惜其他姑娘。

"开免提"是否涉嫌侵犯通信秘密？

一位师友知道我要写《开端》，还提醒我剧中张警官在最初怀疑肖鹤云可能就是爆炸案真凶时，为套取情报总是鼓励他给家人打电话，在他人与男主通话时也会要求其开免提接听，这一点同样涉嫌侵犯《宪法》所规定的通信自由和通信秘密。

宪法第40条规定："中华人民共和国公民的通信自由和通信秘密受法律保护。除因国家安全或者追查刑事犯罪的需要，由公安机关或者检察机关按照法律规定的程序对通信进行检查外，任何组织或者个人不得以任何理由侵犯公民的通信自由和通信秘密。"据此，干预公民的通信自由和秘密必须要有法律授权（所谓法律保留），法律也只能授权公安机关或检察机关为国家安全或追查刑事犯罪的需要而依照法定程序对当事人的通信进行检查。

伴随信息技术的发展，在传统信件、电报之外，电话、短信、微信等也都渐次被涵括在宪法通信自由和通信秘密的保障范围。既然同属通信自由的保障对象，对于电话、短信、微信等内容的监控或干预也应具有法律的明确授权，符合法律的具体要求。刑事诉讼法第150条规定："公安机关在立案后，对于危害国家安全犯罪、恐怖活动犯罪、黑社会性质的组织犯罪、重大毒品犯罪或者其他严重危害社会的犯罪案件，根据侦查犯罪的需要，经过严格的批准手续，可以采取技术侦查措施。"从这一规定看，张警官要求肖鹤云通话时打开免提应该也有违法律的规定。肖在剧中只是一个报案人并非犯罪嫌疑人，其通信秘密理应受到保护。

询问刑诉法专家陈碧老师，她的意见是张警官此处的"开免提"，应该被理解为建议而非要求，也就是说当事人是可以拒绝的，尽管在大部分情况下当事人在面对警察时都会将其理解为不可违背的命令。另一位刑法老师说，如果还要论证张警官要求嫌疑人通话时开免提涉嫌违法，实在是吹毛求疵。毕竟现实中像张警官这么温文尔雅，还能与当事人强烈共情的警察可能不太多见。犯罪嫌疑人如果倒霉还会碰到关掉监控直接上手段，甚至威胁要用100种方法刑事你的警察。所以我想除了表演细致入微外，这大概也是张警官能够如此吸粉的另一原因：他演出了一个观众心目中真正的好警察。也因此，当他最后相信了循环说，并在李诗情问他下次循环时接到报警电话会不会立刻出警时，他坚定地说出"为了挽救当事人的生命，我们人民警察一定会毫不犹豫地出警"时，还是让人感动得潸然泪下。

我们坐在同一辆公交车上

罗翔老师说，《开端》的中心是：如果人生真的能够重来，你会不会做得比现在更好？如果命运之手将你交付给那特殊的时刻，你是否会像你想象中那么勇敢？在我看来，可能编剧、导演更想表达的，是普通人在危急时能否挺身而出成为一个英雄。

这一点其实有违人类趋利避害的天性，英雄永远是人群中的少数，我们大部分普通人在危机来临时都会选择尽力保全自己。胆怯逃避不仅不违法，也不应被过度道德谴责。从《开端》的剧情来看，最初男主想的也是在循环时尽量提前下车避过爆炸，之所以陪着女主一遍遍经历生死也主要是因为情愫滋生的保护欲。而当女主在一次循环时被锅姨捅伤，公车上的其他人都只是冷眼旁观时，男主更是愤怒地说出"不值得"。但他们最终还是不畏凶险想要拯救全车人的性命，除了命运的召唤外，还因为在每一次的循环中都了解了公车上其他人的真实人生，在情感上产生了真正联结。因为这种情感连接，其他人不再陌生，也不忍任由其死亡而毫无挂碍。

把《开端》里的公车爆炸案放大到整个社会，这个隐喻也同样成立。在真实的世界，我们就像坐在同一辆45路公交车上，每个人都背负自己的故事，却又都与他人休戚相关。当危机凶险来袭时，如果只寄希望于外力的拯救，最后或许只会等来公车的爆炸。《开端》的终局，挺身而出阻止了爆炸案的并非只有男主女主，还包括公车上的每个人，甚至于爆炸案制造者王兴德也在最后一刻放下了执念，完成了自我救赎。因为所有人都在特殊时刻来临时选择了勇敢和承担，公车不致爆炸，危船不会倾覆，社会才会向好的方向循环。

很多评论说，《开端》的结局烂尾，因为它将一个无限流设定的悬疑剧终结于一个无差别的大团圆结局。但这种大团圆结局其实并不肤浅，它提示我们即使是普通人也应有的社会责任，也让我们再次体味英国诗人多恩的名句："人人非孤岛，每个人都是广袤大陆的一部分。任何人的死亡，都使我受到损失，因为我包孕在人类之中。所以别去打听丧钟为谁而鸣，它为你敲响。"

毕竟，明天又是新的一天了

在历经刑法、刑诉和行政法的循环后，"《开端》的法治细节"也即将终结。好久没有一起追剧，法治组的小伙伴都兴致很高。我们赞许黄觉终于从一枚帅哥蜕变成真正的演员，也争论锅姨声嘶力竭责骂丈夫未接听女儿去世前的呼救电话的那段，究竟是演技炸裂还是略显浮夸。

像巴赫一样的复调写作

《开端》里每次爆炸来临前，都会响起一段手机铃声，这段"夺命召唤曲"正是德国作曲家帕赫贝尔的《卡农》。因为和古典音乐之父巴赫同处巴洛克时代，这首曲子几乎就是那个时代曲风的代表，多声部之间遵循严格的对位，音符和旋律相互追逐，不断循环重复，最后交叠为一个整体，而乐曲也就此终结。

有意思的是，如果只是看巴赫原谱，会觉得并不花哨复杂，工整得几乎就像中国的正楷，但真的弹奏却很不容易。因为几乎没有明确的情感提示，所以乐句是走向快乐还是悲伤又都要弹奏者自己把控，而要把各个声部都弹奏清楚，最终形成层层交叠的效果，而不至于全都糊在一起，就更考验弹奏者的技巧和耐心。这一点其实有点像对着热播剧写法律评论，编剧和导演自有一套逻辑和叙事，我们却需要将点缀其中的法律问题拖拽出来再行延展、重新对位，赋格交叠，并最终加上自己的情感想象和趋向判断。但演奏效果如何要由读者来评判。

"《开端》里的法治细节"此前写了爆炸罪的构成要件、正当防卫的判断基础、刑讯中的反诱供，还分析了公车猥亵和网暴，似乎已将《开端》里的法律问题都搜罗了个遍。但就像真实的生活一样，《开端》里可挖掘的法律问题还有不少，比如今天作为终局篇要谈的报复社会的无差别杀人和见义勇为。

无差别杀人背后的社会问题

《开端》大结局非常符合中国人的感情期待，"好人得到表彰、坏人得到惩罚，所有的问题都得到化解"。虽然我们每个成年人都知道，这种"happy ending"在现实中并不一定总会出现，但在影视剧中看到还是会获得安慰。

结局也最终揭晓，制造爆炸案的王兴德和陶映红是因为中年失孤而报复社会，其最终目的就是通过引爆公车来促使警方重新开启对女儿死因的调查，而选择特定线路特定时间，也是作案人欲与死去的女儿再聚的执念。《开端》的后几集非常细致地描写了王兴德和陶映红在女儿去世后的心理变化。从最初知道女儿死讯时的悲恸，到无法找到女儿中途下车原因时的无助和绝望，再到被网暴时的激愤和偏执，完整清晰的故事脉络和丝丝入扣的演员表演，可说很好地还原了一个处心积虑的复仇者的养成史。

虽然我们常说，自身的苦难并不应成为报复社会、滥杀无辜的理由，但这部剧未对坏人坏事做简单归因和粗暴审判，而是深入挖掘其背后动机形成的原因过程，很值得赞许。还记得当年学犯罪心理学时，老师总说罪犯杀人十有八九因钱或因情，选择的作案对象也大多与其素有仇怨。但在无差别杀人的恶性案件中，上述结论无法成立，罪犯随机选择作案目标，在现场几乎见谁杀谁，目的也大多是报复社会，发泄自身不满。也因为作案对象是随机选择的，所以此类案件不仅侦破压力大，社会影响也极其恶劣。在描述此类案件时，我们总会加上"滥杀无辜、罪大恶极"的评价，也因为其恶性实在太大，以至于再很少去探究犯罪人背后到底经历了什么样的故事，才导致他做出如此偏执暴戾的选择。

2019年热播剧《我们与恶的距离》描述的也是场无差别杀人案件。剧情全景式地描述了犯罪给被害人家庭、加害人家庭乃至社会所造成的巨大创伤。但要疗愈创伤、重建生活，可能首先要做的就是了解这种恶性事件背后发生的真正原因。剧中为罪犯辩护的律师也曾说："他杀人，他应该要死，他生病了，就算真的罪证确凿，判了死刑没有关系，为什么一个国家要这么粗暴地夺走一个年轻人的生命？我到现在还不知道，他到底为什么要这么做，他死了以后，就再也没有人知道了。"

但很多时候，司法和社会在面对此类暴力性案件的时候，似乎都没有展现出如此的耐心。在2021年发生于福建莆田的欧某中案件中，犯罪人因为邻居多次阻挠自己建盖新房，导致家人无处可依而将一腔积怨化作杀心，并最终酿成邻居一家祖孙四代2死3伤的惨剧。案件曝出后，网上曾多次流传欧某中的求助信息，里面都说明其作案前曾多次向行政机关反映翻盖新房时遭遇他人阻挠。记者在进行案件调查时也曝出，欧某中一家因无处可居，曾在临时搭建的雨棚内居住六年。而最终引爆其犯罪的原因也在于，案发前福建发生严重台风，欧家临时居住的雨棚铁皮在台风中被刮走，年迈的母亲淋在雨棚里无处可避。

案件最初曝出时，媒体和公众都还有意愿去了解欧某中背后的故事，但随着欧某中在逃亡途中畏罪自杀，警方确认案件中并不存在所谓"村霸"，村委会在建房过程中也没有失职后，案件彻底终结，有关欧某中的故事也被彻底封存掩埋再无从了解。公众只知道这次灭门案的起因是"邻里挟恨"，但这种底层互害中是否真的有所谓村霸的存在？欧是否真的多次向政府反映求助无果？基层干部是否存在不作为？村委会是否考虑了欧的居住诉求并积极履职？这些追问伴随欧某中事件热度的消退再无人问津。

仔细想想，发生此类案件后如果只是简单地惩治罪犯，而不去弄清其背后原因和真正动机，无论对于生者伤痛的抚慰还是对同类事件的避免，又都是相当遗憾的缺失。刘某州死后一位资深媒体的编辑说，刘某州的死可能并无法完全归咎于父母的薄情和网暴的残虐，如果存在运行良好的NGO组织或者心理干预机构，可以在孩子寻亲时及早介入提供帮助，或许就能避免悲剧的发生。我对这话深表赞同，也乐观地相信，如果真能找到诱发无差别杀人的原因，或许就能避免无辜者的被害，尽管这种认识在网络化的时候很容易就会被误解为对施暴者毫无底线的同情。

见义勇为的法律问题

《开端》的最后，除了坏人被抓，还有好人获得表彰。因为不畏凶险挺身而出阻止了爆炸案的发生，连带男主女主在内的所有公车乘客，最终都获得了剧中嘉林市政府颁发的见义勇为奖状及三万元奖金。在领奖台上笑得最灿烂的当属进城务工的中年父亲老焦。失业的他为了筹集女儿的学费，一直心心念念地想和工友一样，有机会拿到政府的见义勇为奖金，好去买个电瓶车送外卖，剧终时终于得偿所愿。看到这幕观众也同样感到欣慰。

"从来就没什么盖世英雄，危急时挺身而出的总是平凡的普通人"，普通人成了英雄并受到嘉奖也总是大快人心。行政机关对见义勇为者颁发奖状和奖金，这在行政法上属于行政奖励。所谓行政奖励，又指行政机关通过物质或精神鼓励的行为激发人们自愿采取某些行为，而这些行为通常是道德上值得嘉许和鼓励的行为。虽然道德上值得嘉许，但扶助弱小、解危济困说到底又都只是公民的道德义务而非法律义务，因此在行政上也都是通过奖励这种激励型而非命令型的方式促成，其效果也只是引导公众自愿采取此类行为，由此来塑造良好的社会风尚。

在行政领域，行政机关有积极塑成社会秩序的功能，因此采用非强制的方式引导公众采取符合善良风俗和传统美德的行为并无问题，也不受强制性、命令性行政决定必须要有上位法依据这样的公法约束。但对于立法而言，是否应将见义勇为写进法律就曾掀起轩然大波。

首次明确写入"见义勇为"的是2017年民法总则的第183条和第184条。前者规定："因保护他人民事权益使自己受到损害的，由侵权人承担民事责任，受益人可以给予适当补偿。没有侵权人、侵权人逃逸或无力承担民事责任，受害人请求补偿的，受益人应当给予适当补偿。"后者规定："因自愿实施紧急救助行为造成受助人损害的，救助人不承担民事责任。"这两个条款一直被誉为"好人条款"，从法律效果上来说，第一，就是让好人在做了好事之后不用承担赔偿责任，以免除其后顾之忧；第二，如果权利因此受损，还能向被救助人请求补偿。

很多人揣测，"好人条款"之所以于2017年写入民法总则，就是为了消除彼时人们对摔倒老人的扶助顾虑。因为在当时发生了太多扶了摔倒老人反被讹的案例，以至于"见到老人摔倒时扶还是不扶"，一度都成为拷问国人的道德难题。而在民法总则这一条被通过时，更有媒体的报道直接写："看老人倒地不敢扶？别怕！中国版好人法来了。"

虽然迎合了塑造良好社会风尚的趋向，但这则"好人条款"却并非没有争议。很多民法专家就认为，这一条款中规定的责任免除和补偿请求，完全可通过既有的无因管理、紧急避险制度获得解决，对见义勇为的民事责任再另行规定，不仅冗余还有使法律过度道德化之嫌。

"见义勇为"条款其实更多是安抚和鼓励性质，尽管存有争议但质疑相对较少。同为包含明确道德趋向的条款，民法总则中的另一"英烈保护"条款就遭遇更多诘问。该条文规定："侵害英雄烈士等的姓名、肖像、名誉、荣誉，损害社会公共利益的，应当承担民事责任。"如果"见义勇为"条款是为了表彰善行，那么"保护英烈"条款就是为了惩治侮辱英烈的恶举，但两者在本质上又很相近，都是将道德予以法律化。法律和道德虽存在紧密关联，但轻易就将道德要求拔高到法律义务，在适用上就难免引发问题。典型的如侮辱英烈与公民的言论自由间就存在张力，如何取舍其实很考验立法者和司法者的取向和判断。

立法中是否应写入见义勇为会存在疑问，在司法裁判中明确地褒奖善行谴责恶行同样会招来质疑。在本书开篇的江某案判决中，某地法院在判决被告刘某曦应向江某妈妈支付民事赔偿后，还用相当长的篇幅评价江某扶危济困、见义勇为体现了中华民族传统美德，而刘某曦在事发后却未存任何感恩之心有违人情应予谴责。对裁判中是否应纳入道德评价，法学界的认识同样两极，有称赞某地的这份判决引导社会崇德向善，体现了司法的社会担当；也有质疑其既然已经可以用法理说理，还要再借助道德判案，是混淆了道德和法律的界限。

某地法院的裁判纳入道德评价并非没有依据，最高人民法院2021年1月19日发布的《关于深入推进社会主义核心价值观融入裁判文书释法说理的指导意见》中，就提出要以公正裁判树立行为规则、引领社会风尚，有效回应人民群众司法需求。按照这份指导意见，"应当强化运用社会主义核心价值观释法说理"的案件就包括见义勇为等可能引发社会道德评价的案件。

也因此，无论学界如何认识江某案判决中的褒扬与谴责，这份判决可以想见一定会成为一份典型判决。社会中的每个人都并非孤岛而是与他人休戚与共，因此鼓励见义勇为、扶危济困不仅彰显传统美德、善良风俗，符合社会主义核心价值，也有助于和谐友爱正直向上的社会风尚的形成，但对这种美德的鼓励、对恶行的谴责是否应通过立法和司法进行，就需要再仔细斟酌，这里又尤其涉及道德和法律各自的作用场域。

坚持在循环里沉浮而不退却

中国人总是将农历新年的到来作为新的一年的开始，也习惯在此时总结过去展望未来。在过去的一年里我们见证了法治的进步，也总会因极端案例事例的曝出而不时陷入失望和沮丧，但失望和沮丧并不该成为放弃的理由。《开端》里肖鹤云和李诗情一次次地历经循环和生死，也还能一遍遍地总结经验，如何在下次循环时做得更好，以阻止公车爆炸，保护所有善良的普通人全身而退，这份勇气和坚持是这部热播剧打动人心的地方。

法治之路道阻且长，但如果这是我们的信仰，就像女主李诗情笃信公车上每个无辜的人都应该获得拯救，哪怕要历经一遍遍的生死，那么就应该坚持。很多时候，现实的案件让我们怀疑这个世界是否真的会更好，但明知会失望还依旧保持希望，或许也是人至关重要的理性和善行，所以才要坚持在循环里沉浮而不退却。毕竟，明天又是新的一天了。

后 记

这本书收录的都是我开始公共写作后所写的相对重要的文章。从进入法律系学习再到回母校当一名法学教员，迄今已过去20多年。我读书和任教的中国政法大学有个传统，但凡新生入校，都会集体宣誓"执法律之利剑，持正义之天平"。当数千人的声音回荡在大礼堂，那一刻也成了我们关于法律最初也是最永恒的记忆。

如此多的学生为这个学科所吸引，当然是因为心中有关于公义、关于法治的理想。当越来越深地进入这个学科，越来越多地看到生活中还有那么多的不公、歧视甚至是苦难，法律却都无能为力时，我们好像也越来越多地只是将法律当作一份谋生的职业，一种可以获得世俗成功的媒介。于我个人而言，一路从本科读到硕士和博士，并顺利回母校任教，再一路从讲师晋升到副教授再到教授，法律好像真的就只是用逻辑和理性剖析的体系、制度和规则，我陶醉于自己的职业素养，沉溺于跟同行的科研竞赛，慢慢地也变成了马克斯·韦伯所说的"没有灵魂的专家"。我太关心抽象的诫命，并不关心具体的生活；我很倾心于宪法与行政法的知识，却好像不太爱为它所辐射的个人。加之一直修习德国法，我甚至自视甚高地觉得自己的贡献就在于提高学科的知识增量，所以根本没必要把脚扎进泥里。

我的好友兼同事罗翔老师游说我写普法专栏，我最初都是抗拒的，抗拒的原因之一是觉得写了也没用，之二是这些文章也难以成为我科研考核的KPI。我甚至跟他说，我个人非常认同英国作家毛姆的价值观，就是在"真、善、美"的排序上，美是第一位的。所以修习法律并著书立说，说到底就只是追求智识完美。我还记得在从昌平回城的车上，罗老师听罢我的高谈阔论后沉寂一阵说，美和真和善不是对立的，既然你认为美是第一位的，干嘛不身体力行把自己的一生过成一种美。我理解他所说的美，不是智识上的优越、道德上的无瑕，而是人之为人，对他人和社会的责任，是自知作用有限还要积极投入的使命和勇气。那一刻我被他身上的道德感所打动，于是就有了第一篇应邀而写的"抢生二孩该罚吗？"

我通过写作跟他人产生真正的情感连接，始自"天一案"那篇文章。"天一案"本来是个颇有争议的刑事案件，一个小姑娘因为写作一本色情小说就获刑10年，怎么看都与一般公众的朴素法感不符。我一边听罗老师和陈老师讨论如何减免刑事责任，一边想这个案子倒是跟我曾译介的德国联邦宪法法院的"约瑟芬穆岑·巴赫尔案"很像，刑事案件的背后所关涉的，都是写作色情小说是否属于艺术创作自由，以及如何确立这种自由的保障和边界。当时为写这篇文章，我读了涉案小说，也科普了有关知识，文章里更是夹杂了很多个人作为艺术爱好者对艺术自由的体悟。文章刊出后获得很多转发，主编还转来很多读者留言。这是我第一次发现写文章就能让人感同身受并心有戚戚，之前写作学术论文当然也会获得反馈，但却从未有过这种由心发出的。尽管罗老师一再提醒我们不要自我感动，但在看到有那么多的读者回馈，诉说可以从一个法律老师那里获得尊重和认同时，还是会被感动到觉得即便这类文章不能被计入科研 KPI，只是为这些普通人发出声音也都是值得的。

在"天一案"后又有了"大货车司机某定位系统掉线案""修剪自买的香樟树被高额处罚案""劣迹艺人终身禁业案""丰县小花梅案""穿和服被寻衅滋事案""失子妈妈网暴坠楼案"等热点案件。也因为写作这些法律评论，我开始越来越多地了解到法治的真实水位，也越来越多地意识到身为一个法律人的社会责任。虽然这个比附实在有点高攀，但这种心路历程的变化又与我钟爱的小说家村上春树颇为相似。他因为厌恶体制，从大学毕业起就选择当个自由职业者。最初写小说时，小说主角也总是刻意与社会和权威保持距离，只愿守在自己的精神世界里深深挖洞。但到了中年后，他开始意识到自己作为小说家的社会责任，他去访问东京毒气事件的加害者和受害者，写出"如果放弃以自身的力量去感受和思考的努力，就等于放任自己随便进入精神囚笼"这样振聋发聩的警句。他后期的很多小说都不再选择逃避，即便被人苛责无法摆脱知识精英的认知局限，还是不断以自身力量去发掘个人与体制之间的真实关联。我曾经有多迷恋村上年轻时的疏离感，现在就有多敬佩他中年后的蜕变和承担。

能有上面的体悟，还是要首先感谢当初不断鼓动我进行公共写作的罗翔老师。他让我认识到，人生的参照系其实并不只是论文、专著和科研项目，还有更多的其他可能。作为一名法学教师，相比获得什么头衔，或许更重要的是你是否真的相信和认同你在课堂上不断言说的价值和真理，并真的愿意去践行。罗老师出版《法治的细节》时，给我们几位好友定制了特别腰封，上面写着"愿你我在每一天的生活中，完善法治的细节"，我也一直把这句话当作是鞭策和鼓励。

除了罗老师外，评论文章结集出版还要感谢共同从事普法写作的其他小伙伴。陈碧老师不仅是我从读书会时就认识的好友，还经常与我合写文章，本书中的很多文章不是受她启发，就是与她商榷。我俩有个共同的公众号"法律圆桌"，陈老师最初提议签名就写"接天莲叶无穷碧，映日荷花别样宏"，以纪念我和她的"怡红快绿CP"。但公众号刚开张就有好几篇文章被删，我多少有点emo，陈老师转了首诗让我接受失望，公众号最后的签名也改成了诗结尾那句，"没有什么能拯救你，除了写作"。现实生活中，陈老师却总是扮演低落情绪拯救者的角色，即便是最黯淡无光的时刻，她也会说："我们就是要经历和见证"。她学生说，陈老师年轻时经常拿《肖申克的救赎》鼓励他们。一个学生跟她说："看了好多遍肖申克的救赎，还是坚持不下去了。"她回复："那就再看一遍。"我们常说，这个时代最稀缺的品质就是勇气，陈老师永远是勇气本身。

相比于法治之光和勇气担当，李红勃老师是我认识的人中最宅心仁厚的那个。当我们仨都在义愤填膺地讨论法律对买妻者的轻纵是对女性尊严的践踏时，只有他将目光投向被拐妇女家中的孩子，忧心"当媒体的报道和公众的舆论纷纷散去，那些未成年的孩子又该怎么办？"2022年的那个六一节，全国各地的中小学都普遍性居家上课，他语重心长地写，"停课的范围应该最小，能一所学校停课的，就不要两所学校停课；时间应该最短，停课一周就可以的，绝不应该停课两周"。这些话平实克制却打动人心，体现出一个法律人对他人境遇的共情和对普罗大众的悲悯。

这本评论集的文章大多都发表于澎湃"法治的细节"专栏。而能够将我们几个人凑在一起的首先是澎湃新闻的单雪菱主编。她是我们的北大师姐，用罗翔的话说是个"有情怀的师姐"，她督促我们写作，分派我们选题，有时还得替我们背锅。我写"劣迹艺人封杀案"和"艺术如何在战争中选边"，她一边忧心我被喷子骂，一边又鼓励我继续写，纠结的样子可爱到爆。和其他专栏不一样的是，每次她都会为我们写给细节的文章精心配图，却从不为流量就放低身段从新闻中直接扒图，细节的配图也总是独树一帜。我一边赞美她的审美，一边猜这幅配图出自哪位画家，久而久之，发文简直和拆盲盒一样快乐。

在大学里，我主要研习和教授宪法和行政法学，而宪法与行政法学所关注的核心命题又始终都是个人与国家的关系。学公法的人自始都会对权力心存芥蒂，也会时时防御公权不受约束的扩张而对个人自由和权利的吞噬。所以这本书中的文章基本都指向个人和国家关系这一核心命题。我也固执地认为，无论再怎么斗转星移，公法最紧要的仍旧是守住国家作用的界限，约束公权行使的疆域，避免其蜕变成吞噬一切的利维坦。而这一认识也在过去几年里再度被强化。我们视之为理所当然的法律优先和法律保留原则轻易就会被街道的一份文件击穿；人脸识别、码化管理等数据技术的适用非但未造福公众，反而成为捆绑和约束个人的工具；行政机关在行政处罚时往往为达到杀鸡儆猴的一般预防效果，就随意逾越过罚相当的界限，终身禁业、处罚决定无限度公开甚至羞辱性执法的事例都不在少数。

这些发现也改变了我的写作方式，最初写法治评论时，我更愿意选择有争议性的案件，美其名曰让自己脑力激荡，说到底还是想通过精细分析展现下智识优越，对于很多公权机关明显违法的案件，觉得既然如"刻在额头上一样明显"，还有什么可说呢？但太多的事例证明，所谓法治观念并非像我们想象的那样被牢固确立，人类的文明也常常如火山上的薄纱一般脆弱，所以坚信的就要反复言说，珍视的就要竭力守护，即便守护像西西弗推石头一样推上去会掉下来，那也要再推上去哪怕还可能再掉下来。这种努力绝非一种徒劳，因为守护本身也是对自由落体的抵抗。

约束公权力的背后正是对个人尊严的维护。"人是自己的目的，而不是国家的手段；国家是为个人而存在，而非个人为国家而存在"。这句话我在宪法与行政法的课堂上讲过无数次，如果让我用一句话来形容我所研究的这门学科，我也会毫不犹豫地选择这句，因为这就是公法最朴素的真理。村上春树曾说，"我写小说的理由，归根结底只有一个，就是让个人灵魂的尊严浮上水面，沐浴光照。为了不让我们的灵魂被体制禁锢和贬损，所以始终投去光亮、敲响警钟，我坚信这才是故事的使命"。如果今天再让我来说，法律到底是什么？学法律到底为了什么？我也会说，法律说到底关心的是每个具体的个人，所要做的是护住每个个体的尊严，不让它为他人、体制甚至国家所纠缠和贬损。这应该是我们这些法律人的终极目标，也是我们日复一日为此努力工作的真正原因。我们写被困生育八孩的杨某侠、约嫖未嫖的大学生翟某，还有因穿和服拍照就差点儿被判寻衅滋事的少女……不仅因为无穷的远方、无数的人们都与我们有关，也因为修习法律的人最应该明白，个人对于理想国家的构建同样负担责任，如果我们任由庞大体制吞噬我们的同情心和道德感，那么就无法再抱怨自己也有可能成为被随便牺牲掉的少数。所以还是村上春树的那句，"不能让体制利用我们，不能让体制独断专行。不是体制创造了我们，而是我们创造了体制"。

学法律的人一般都会认识到法律的有限，但这种有限性却丝毫不能折损法治对于人类的意义和价值。它无法承诺我们最佳的生活蓝图，却提供给我们最低限度的可预见、可计算的安定和保障；它约束着国家权力，也守护着个体尊严。过去的几年里，不确定性替代确定性成为支配人类命运的力量，我们难以置信地在有生之年经历了瘟疫、战争和越来越大规模的破坏。这些变化也让我们看清，唯有越来越多地凝聚法治的共识，珍视自由的价值，才能走出人类治乱循环的宿命，才能避免更大更多的败坏。所以，如果本书可以启发读者理解法治的真正意涵，思考权力作用的边界，我会感到非常欣慰。

仅以本书敬自由、敬公义、敬法治！敬我们心中未被浇灭的法治理想！

赵 宏

甘肃金昌人，北京大学宪法与行政法学博士
现任中国政法大学教授、博士生导师，德国慕尼黑大学、科隆大学、纽伦堡大学访问学者

主要研究领域为德国公法、比较公法、国家学、个人信息权的公法保护等。著有《行政法学的主观法体系》《法治国下的行政行为存续力》，译有《德国国家学》《民族主义：历史、形式与结果》等。在《法学研究》《中国法学》《中外法学》《环球法律评论》等杂志发表论文五十余篇。

权力的边界

作者 _ 赵宏

产品经理 _ 张晨　　装帧设计 _ 董歆昱　　产品总监 _ 应凡

技术编辑 _ 顾逸飞　　责任印制 _ 梁拥军　　出品人 _ 贺彦军

果麦

www.guomai.cn

以 微 小 的 力 量 推 动 文 明

图书在版编目（CIP）数据

权力的边界 / 赵宏著 . -- 昆明：云南人民出版社，
2023.11（2023.12 重印）
　　ISBN 978-7-222-22104-8

　　Ⅰ . ①权… Ⅱ . ①赵… Ⅲ . ①行政权力—法律—研究
—中国 Ⅳ . ① D922.104

中国国家版本馆 CIP 数据核字 (2023) 第 198901 号

责任编辑：刘　娟
责任校对：和晓玲
责任印制：马文杰

权力的边界
QUANLI DE BIANJIE

赵　宏　著

出　　版　云南人民出版社
发　　行　云南人民出版社
社　　址　昆明市环城西路 609 号
邮　　编　650034
网　　址　www.ynpph.com.cn
E-mail　ynrms@sina.com
开　　本　880mm×1230mm　1/32
印　　张　9.5
字　　数　205 千字
版　　次　2023 年 11 月第 1 版　2023 年 12 月第 3 次印刷
印　　刷　河北鹏润印刷有限公司
书　　号　ISBN 978-7-222-22104-8
定　　价　59.80 元